海外で恥をかかない世界の新常識

池上　彰

集英社文庫

目次

chapter 2

中東

chapter 3

ヨーロッパ・北アフリカ

chapter 4

アメリカ大陸

海外で恥をかかない世界の新常識

はじめに

ニューヨークの街を歩くにはエネルギーがいる。ニューヨークの喧騒《けんそう》のなかに身を置くと、確かに元気になるのだけれど、心身ともに疲れているときは、むしろ余計に疲れてしまう。

そんなときは、キプロスのニコシアで地中海からの風に吹かれて、心に休養を。少し回復したら、モロッコのマラケシュの混沌《こんとん》か、ベトナムのホーチミンの雑踏か。どちらも心の回復薬になってくれるはずです。

これまで世界各地を旅してきました。とはいえ、海外デビューは社会人になってだいぶ経《た》ってからのこと。大韓航空機がソ連軍の戦闘機に撃墜された事件（一九八三年）を取材にソウルに行ったのが、初の海外でした。

このときは、緊急のために取材ビザの申請が間に合わず、香港《ホンコン》への途中、トランジットでソウルに立ち寄るという方法を取りました。

当時のソウルは、まだ軍事政権。街の至るところに小銃を持った兵士が立ち、車で移動していると、車内をのぞき込んでくるのですが、このとき一緒に小銃の銃口まで車内に飛び込んできました。

ソウルで二晩徹夜して、フラフラになった頃、正規の取材ビザを得た交代要員が到着し、お役御免。香港へのトランジットである以上、いったんは香港に行かなくてはなりません。まだ中国に返還される前のこと。香港の夜を楽しんで、などと思っていましたが、二晩徹夜をしていたため、疲労困憊《こんぱい》。香港の夜景を楽しむ元気もなく、ホテルで爆睡。翌日、飲茶《ヤムチャ》のランチをしただけで帰国しました。なんだかなあ。

海外に頻繁に出かけるようになったのは、二〇〇五年にNHKを退職し、フリーランスのジャーナリストになってからです。中東調査会に入会し、中東各地へ自費で取材に行っているうちに、民放テレビから声がかかるようになり、その後は、テレビ番組の取材で世界各地に行くことも多くなりました。

イラクのバグダッドでは、防弾チョッキを着用し、防弾車で移動。車の助手席には民間軍事会社の武装要員が同乗。窓の外に爆風避《よ》けの土嚢《どのう》が積まれた宿舎に宿泊。夜間になると、チグリス川の向こう岸からロケット弾が撃ち込まれることがあり、そのときは警報が鳴るから防弾チョッキを着てヘルメットをかぶれと指示されたのですが、翌未明、その通りにロケット弾が近くに着弾。しかし、それに気づかずに熟睡していました。

北朝鮮の平壌《ピョンヤン》やキューバのハバナ、サウジアラビアのジェッダ、リヤドでは情報省の役人などのお目付け役が、私の行動に目を光らせていました。自由な取材が不可能な所も多いのです。

こんな取材旅行を繰り返しながらも、世界各地の魅力ある街を歩いてきました。街を歩きながら、その国の歴史を振り返り、いまの政治制度の成り立ちを考える。すると、街の姿が違って見えてくる。読者のあなたにも、そんな体験をしていただきたいと考え、一風変わった旅行案内が誕生しました。

世界のことを知らないまま旅していたのでは、思わぬ恥をかくこともあります。それを防ぐために、この本がお役に立つこともあるでしょう。

街を見ることで、その国が見えてくる。その国が見えると、やがて世界が見えてくるのです。

本当は、もっと多くの場所を紹介したかったのですが、私が案内できる街は、いささか治安に問題があったり、内戦終結の残り火がくすぶっていたりするところが多く、安全が保証できない街の紹介は断念しました。

とはいえ、世界のどこの国も、日本ほど治安はよくありません。出かける際は、身の回りにご注意を。自己責任の世界ですから。

この本に取り上げた街の多くは、集英社の女性月刊誌『ＢＡＩＬＡ』に連載したものが元になっています。その連載が始まったのが二〇一〇年で、単行本として出版されたのが二〇一五年でした。そして現在に至るまでには、それぞれの街や国において政治情勢などが変わったところがあります。今回の文庫化にあたり、そういう変動のあった部分を加筆、修正しました。

とはいえ、この本でとりあげた大半の街は、何百年もその姿を変えずに人々を見守り続けてきました。遠い見知らぬ街に思いを馳せ、さらに旅に出かけるときに、この本を役立てていただければ幸いです。

二〇一七年七月

ジャーナリスト・名城大学教授　池上彰

chapter 1

アジア

ASIA

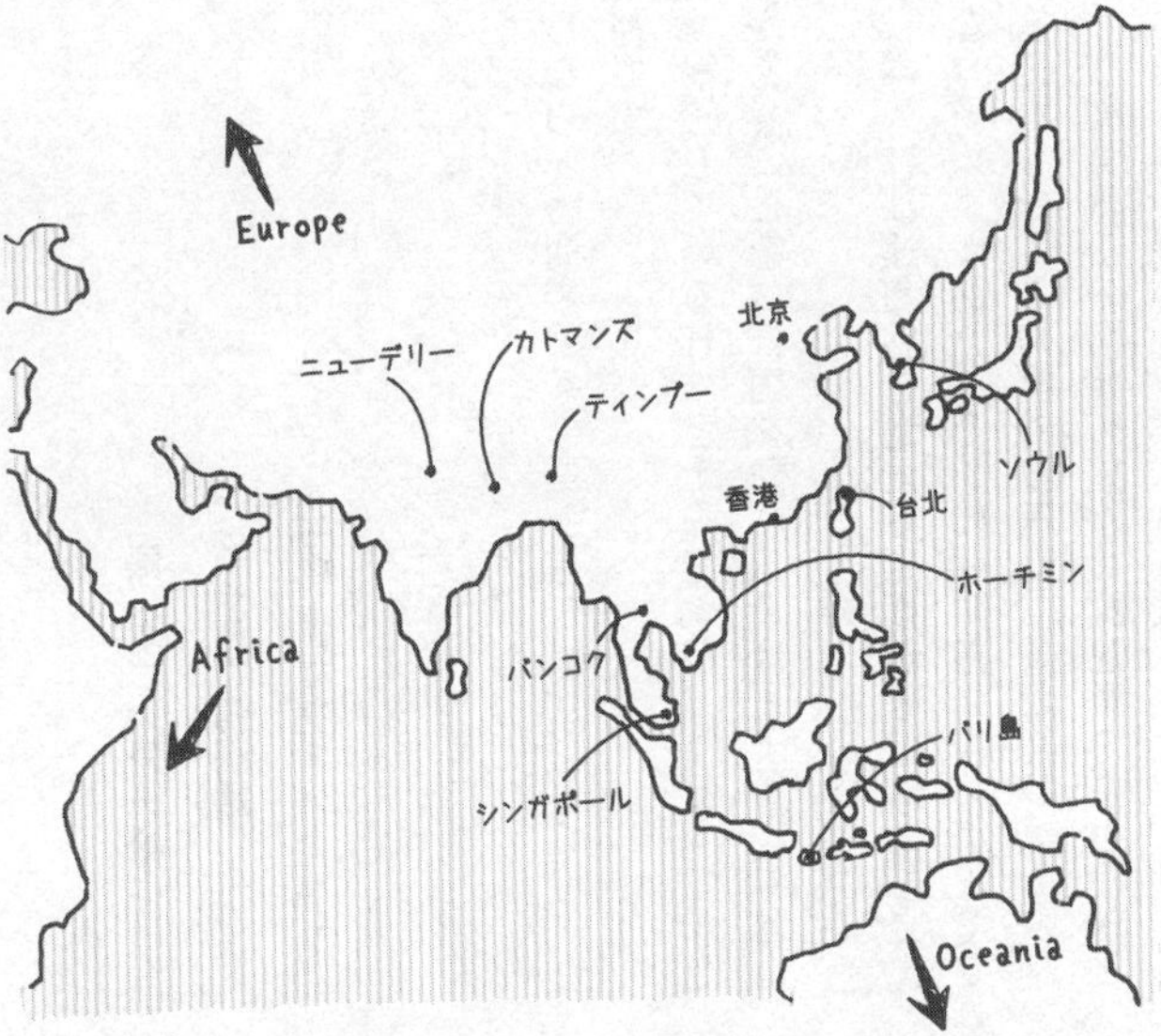

ソウル

【国　名】大韓民国
【公用語】韓国語
【通　貨】ウォン

いまだ停戦中

東京から飛行機で二時間半、福岡からなら一時間半。その気なら日帰りだって可能なソウルは、日本から最も近い外国の首都です。

顔つきも似ていて、お互いの食文化も浸透している日本と韓国ですが、たどってきた歴史のために感情面では大きな隔たりがあることを、韓国を訪れる人はまず知っておいたほうがいいでしょう。

ソウルで地下鉄に乗ろうとすると、日本人には違和感を覚える光景がそこにあります。ホームの壁沿いにショーケースのようなロッカーがあり、そこには防毒マスクが並んでいます。そう、これは北朝鮮の攻撃に備えたもの。この国の戦争は、まだ終わっていないのです。韓国には徴兵制がありますし、朝鮮戦争の開始時期から国連軍の主力部隊として派遣されたアメリカ軍が、現在も駐留しています。

実際に目にすることはできませんが、ソウルを流れる漢江《ハンガン》に架かる大きな橋には爆薬が仕掛けられています。北朝鮮が攻めてきたとき、橋を爆破して漢江を渡らせないようにするためです。朝鮮戦争が停戦してからしばらくは、漢江の北の土地の値段は南より安かったのです。また注意してみると気が付きますが、高速道路の一部には中央分離帯のないところがあります。これも有事には滑走路として使う目的があるためです。

一九五〇年に始まった朝鮮戦争は、一九五三年に休戦協定が結ばれましたが、現在もあくまで停戦中。その停戦までの三年間、同じ民族同士が半島全土で戦い、死者四〇〇万人ともいわれる悲惨な状況を経験したのです。北と南で離ればなれになった家族も多くあります。戦争という言葉には、われわれ日本人よりはるかに敏感なわけです。

反日カード

その朝鮮戦争以前、かつて日本は大韓帝国を併合して支配下（一九一〇～一九四五）に置き、韓国の人たちの言葉も文化も土地も奪ってしまいました。韓国では、「日帝三六年」という言い方をします。名前まで日本風に改名させました。「創氏改名」です。

今でも、お年寄りのなかには日本語が上手な方がいます。でも、軽々しく「お上手ですね」なんて言わないほうがいい。母国語を取り上げられ、無理に押しつけられた日本語を褒められても、うれしくはありませんから。

またその間の第二次世界大戦中には、朝鮮半島の人たちが日本で労働を強いられたり、慰安婦として戦地に送られたりしています。これは、もともと日本人についても行われていたことですが、そういった日本支配の時代が「反日」という感情を生んだのです。

前大統領の朴槿恵《パククネ》は韓国で初めての女性大統領であり、朴正熙《パクチョンヒ》元大統領の娘でもありました。父は独裁的に権力を振るった大統領という側面と、韓国を大きく成長させた立役者であるという側面を持ち合わせ、韓国国内でも評価の分かれる人物ですが、日本の士官学校の出身であることや、妥協の末に日韓基本条約を結んだことで「親日」のレッテルを貼られています。だからこそ、娘の朴槿恵が国民の支持を得るためには「反日」のスタンスを崩すわけにはいかなかったのです。

韓国の大統領の任期は五年で、再選は禁じられています。過去の多くの大統領に言えることですが、国民の支持を得て大統領に選出されても、その期待に応えるのはなかなか困難なこと。すべての政策が国民に受け入れられることはなく、やがて支持率は低下していきます。そこで彼らが持ち出すのが「反日」カード。これを使えば支持率は上がるとばかりに、日本に対して強い態度で臨むのです。そもそも反日教育を受けた国民のなかにある反日感情を、政治的に利用していることも事実なのです。

こういった反日感情や反日教育を背景に、韓国では一九九〇年代まで、日本の音楽や書物などの文化が拒否されてきました。しかし現在では、その様子は大きく変わっています。ソウルの書店に行くとわかりますが、日本の作家の韓国語に訳された本がずらりと並び、若い世代を中心に読まれています。ドラマや映画もお互いのものが見られるようになり、音楽も相互の国でファンを得ています。政治とは関係のないところで、文化交流は着実に進んでいます。

また、日本での韓流《ハン》ブームをきっかけに、日本語を勉強する人も格段に増えているようです。こうした事実を知ったうえでソウルに行けば、「反日」という言葉におびえることなく、街を楽しめることでしょう。

奇跡の経済成長

日本が右肩上がりに経済成長していた時代は、「ソニー」「トヨタ」「ホンダ」などのブランド名が世界を席巻《せっけん》していました。それが、今はどうか。勢いのある「サムスン」「ヒュンダイ」「ＬＧ」、すべて韓国の企業です。

日本に追いつけ追い越せとばかりに発展してきた経済成長ぶりは「漢江の奇跡」とまで言われたものです。一九八〇年代から一九九〇年代にかけて、韓国の経済は驚異的な成長を遂げました。しかしその後、一九九七年にはＩＭＦ（国際通貨基金）の支援を受けるほどの経済危機に見舞われました。

日本の人口、約一億三〇〇〇万人に対して、韓国は約五〇〇〇万人。人口が日本の半分以下ですから、国内だけをマーケットにするには限界があります。だから初めから、グローバル・スタンダードという意識が高く、世界を相手に物を作っていこうという発想があったのです。そのために、国を挙げて英語能力の向上に取り組んできました。「ガラパゴス化」したといわれている日本とは対照的です。

その一方で、韓国経済を牽引《けんいん》している企業のほとんどが財閥グループの企業。韓国全体の売り上げの四分の三は財閥十大グループの売り上げといわれるほどです。二〇一四年に起きた「ナッツリターン」と呼ばれる事件に代表されるような、財閥やその後継者の振る舞いが国民の非難の的になります。傲慢な経営体質や政治家との結びつきなど、一般庶民には非常識としか考えられないような事件が起きています。朴前大統領も財閥との関係が国民の反発を呼び、大統領弾劾訴追に追い込まれました。

それでも財閥企業あっての韓国経済だということを国民は知っています。学生が就職を希望するほとんどの会社が財閥グループのもの。そこには、やり場のないジレンマがあるのです。

活気に満ちた熱い街

ソウルの熱っぽさを感じるなら、やはり市場でしょう。南大門にも東大門にも大きな市場があります。農産物、海産物、衣料に日用品。あらゆる店がずらりと軒を連ねています。私が好きなのは、特に夜。一二時くらいになっても、驚くべき賑《にぎ》やかさと明るさのなか、若い人たちから子連れの家族までが歩いています。朝まで営業している飲食店も多くあり、エネルギッシュなパワーに圧倒されます。「草食系」なんていなさそうですよね。最初は、そのパワーに圧倒されて「負けた」なんて思ってしまいますが、そのうちだんだんこちらにもそのエネルギーが伝染してくる。それはおもしろい感覚の体験です。

日本では、韓国料理といえば焼き肉と冷麺がセットになっているイメージがありますね。でもこの冷麺、もともとは半島北部、つまり現在の北朝鮮の料理なのです。国が南北に分かれ、北から南に逃れてきた人たちが、故郷の味、冷麺の店を韓国で始めたのです。

ソウル市内の中心を流れる清渓川《チヨンゲチヨン》周辺は、ぶらぶら歩くには格好の場所です。緑豊かな遊歩道や噴水があり、ソウル市民のデートスポットや散歩コースになっています。以前は周辺住民の下水道がわりに利用され、その水質汚染が悪化したためにそこに蓋をして高架道路がつくられていました。しかし一九九〇年代には高架道の老朽化が進み、排ガスによる大気汚染も問題になります。そこで市民からの要請もあって、李明博《イミヨンバク》元大統領がソウル市長だった時代に、高架道をすべて撤去して全長約六キロメートルの人工河川としてよみがえらせたのです。

目で見て肌で感じて

時間に余裕があれば、板門店《パンムンジヨム》にも行ってみるといいでしょう。ソウルから北へ約八〇キロメートル、一九五三年七月二七日に朝鮮戦争の休戦協定が調印された場所で、軍事境界線上に「軍事停戦委員会本会議場」や「中立国停戦監視委員会」の施設などがあり、ツアーに参加して見学することができます。

北朝鮮側からの見学者もいますが、南からの見学者とは接触できないようになっています。韓国の人たちは厳しい規制があってなかなか行くことができませんが、日本人なら大丈夫。ただし、気軽に行けるわけではありません。事前に申し込む必要があり、戦闘に巻き込まれて死んだとしても文句は言いません、という意味合いの念書にサインさせられます。また服装や持ち物にも制限があり、注意が必要です。

ツアーによっては、「第三トンネル」の見学もできます。これは停戦状態にもかかわらず、北朝鮮が韓国に侵攻するために掘ったもので、板門店からおよそ四キロメートルのところにあり、ソウルからいちばん近い「南進トンネル」です。

都羅《トラ》展望台からは北朝鮮が見え、南北ともに何かあれば即座に戦える態勢で兵士が武装しています。停戦状態の分断国家の最前線に立つという、日本では想像もつかない緊迫感。
戦争とは何か、を考えずにはいられない場所です。

台北

【地域名】台湾（中華民国）
【公用語】中国語、台湾語、客家語、等
【通　貨】新台湾ドル

日本初の植民地

何年か前、台湾の日本向け観光キャンペーンのなかで「初めてなのに懐かしい」というキャッチコピーがありました。それを見てなるほどと思った記憶があります。実際、台湾に行くと、ふとそんなふうに感じることがあります。それは年配の人間に限ったことではなく、若い人でもちょっと昔の日本に出合ったような懐かしさを感じるようです。

一八九五年、日清戦争に勝利した日本は、清の領土の一部だった台湾を統治することになりました。日本としては初の海外植民地を得たわけです。当時の台湾は産業もなく、人口も少なく、清の政府にとってはまったく魅力のない島でした。土地は荒れ果て、疫病など衛生問題も深刻でした。そこで人材を投入し、日本を規範としたさまざまな開発に乗り出します。

なかでも台湾総督府の民政長官となった後藤新平が、現在の台湾の基礎づくりに貢献しました。彼は「その土地の社会的習慣や制度は、そこならではの理由と必要性があって生じたものである。だから、現地の状況に合わせたやり方が望ましい」と考え、現地調査を徹底して行ったうえで、農地の開墾やインフラの整備、教育制度、医療体制などを整えていきました。

その後、第二次世界大戦で日本が敗れると、一九四五年に台湾は中華民国へと返還されます。当時の中華民国は国民党と共産党との内戦状態にありました。一九四九年、内戦で共産党が勝って、毛沢東《もうたくとう》は中華人民共和国をつくります。日本が出ていった台湾に、今度は内戦で敗れた国民党が流れてくることになりました。

しかし国民党の統治はあまりに横暴で、民衆の反発には大弾圧で臨みます。一九四七年二月に起きた暴動は「二・二八事件」と呼ばれ、二万人もの人々が殺されました。日本の植民地時代に高等教育を受けた知識人の多くが処刑され、国民党以前の色を徹底的に排除して支配しました。

日本の統治時代には現地の人々はもちろん嫌な目にも遭っていますし、反抗する人は殺されたこともありました。ただ、大陸からやってきた国民党軍に比べれば日本の時代のほうがまだましだったと思った人々がいても不思議ではありません。

国交のない関係

台湾が国民党の独裁から民主的な中華民国へと変貌していく過程で重要な役割を果たすのが李登輝《りとうき》です。彼は「内省人」初の総統です。内省人（または本省人）というのは、台湾省出身者のことで、いわば「内側」の人。外省人は、大陸からやってきた人および子孫のことをいい、両者には激しい対立がありました。

日本やアメリカでも学んだ李登輝は、一九八八年から二〇〇〇年まで総統を務めました。

本格的な民主化を推し進めた彼の主張の根底には、大陸の中国と中華民国とは別ものである、という考えがありました。つまり、台湾は台湾として大陸とは違う独自の道を歩んでいくということ。「台湾独立論」です。

当然、中華人民共和国はこれを認めるはずはありません。「反国家分裂法」という法律をつくり、もし台湾が独立するようなことがあれば、武力を使ってでも阻止すると宣言しています。

日本との関係でいえば、一九五二年に日華平和条約が調印されて、国交を回復しましたが、一九七二年の日中国交正常化により、日本は中華人民共和国を国家として認めたため、中華民国とは国交を断絶して現在に至っています。

しかし、日本と台湾との行き来は盛んで、貿易から文化に至るまで、あらゆる面で積極的に交流が進められています。政治を担うのが民進党であれ国民党であれ、それは変わりません。

建国の父

中国の礎を築いた孫文《そんぶん》と蔣介石《しょうかいせき》は、二人とも、日本にも長く滞在し、日本と深い縁を持つことになりました。

孫文は多くの日本人も支援した辛亥《しんがい》革命を起こして清朝を倒し、中華民国を建国しました。彼は「国父」と称されています。生誕一〇〇周年を記念して建てられた「国父紀念館」が、中山《ちゅうざん》公園の一画にあり、台北駅からほど近いところには「国父史蹟紀念館」があって、孫文が滞在したことのある日本式の旅館と日本庭園が保存されています。

蔣介石は日本で孫文と出会い、辛亥革命に参加。その後初代の中華民国総統になり、一九五〇年から一九七五年までの長期政権を維持しました。「中正紀念堂《ちゅうせい》」を見れば、彼がいかに崇拝されていたかがうかがえます。「中正」とは蔣介石の本名。高さ七〇メートルもの白い大理石の建物が、広大な自由広場を見下ろしています。

台湾の歴史を振り返るとき、忘れてならないのは「忠烈祠《ちゅうれつし》」。辛亥革命や抗日戦争などで亡くなった軍人をはじめ、国家に貢献した人々が祀《まつ》られています。ここでは、衛兵の交代式が、訪れる人のお目当てのひとつ。海軍は白、空軍は青、陸軍は緑の制服を身につけたイケメン揃《ぞろ》いの儀仗兵《ぎじょうへい》の行進とセレモニーが見ものです。

若者に多いハーリーズー

日本とのつながりは古いものばかりではありません。

植民地時代に日本語教育を受けたお年寄りは日本語が話せます。彼らは強制的に日本語を学ばされたのですが、いまでは、若い人たちが積極的に日本語を学んでいます。彼らが「哈日族《ハーリーズー》」。日本大好きっ子たちのこと。コミックやファッション、J－POPなどをきっかけに、日本文化に親しんでいます。

ハーリーズーの聖地ともいわれる西門町は、台湾の原宿とも渋谷とも呼ばれているそうです。若い人たちのファッション街といったところ。ちなみに、町名は日本の統治時代の名残で、いまも通称として使われています。

資本主義で大陸に比べてはるかに民主主義が浸透しているため、外国企業が進出しやすい一面もありますが、近年は大陸の市場が拡大し、大陸からの観光客も増加して、台湾経済の大陸依存度が高くなっています。通貨も「台湾元」（新台湾ドル）が人民元圏に吸収されつつあり、いずれは経済的に「中国の一部」になるという状況が予想されます。

夜市に温泉

蔣介石は軍隊を引き連れて大陸から台湾にやってきて、長期の独裁政権を敷いていました。その歴史のなかには内省人虐殺という大弾圧もあり、蔣介石に対する国民感情には崇拝と反発の両面がつきまといます。

しかし、実際的な貢献をしたという点で見解が一致しているのが故宮博物院です。内戦に敗れて台湾へ逃走してきたときに、北京の故宮博物院の所蔵品を大量に運んできました。ルーヴル美術館や大英博物館と並ぶ屈指の博物館となっているのは、その膨大なコレクションの数々のため。すべてを見るには八年はかかるといわれています。

それから、料理にも貢献したといえるでしょう。人々とともに大陸各地の料理も集まったわけですから、地元の台湾料理以外にも、四川、上海、北京、湖南、広東、杭州などのさまざまな土地の料理を楽しむことができるのです。

おすすめは夜市です。街中いたるところに夜市がありますので、夕食を軽めにしておいて、ぜひ出かけてください。ウサギや鶏をまるごと吊《つ》るしてあったり、スッポンやヘビがいたり、ちょっとグロテスクな場面に遭遇するかもしれませんが、それも食文化の一面です。なにより、食欲をそそるにおいと雑多な賑わいが魅力です。

さらにうれしいことに、温泉があります。台北駅からＭＲＴ（新交通システム）で三〇分のところにあるのが北投温泉《ベイトウウエンチユエン》。日本が統治していた時代に開発され、温泉旅館を建てて保養地にしたのです。一時期さびれたこともありましたが、現在では温泉博物館や公営露天風呂もあり、賑わいを見せています。

北京

【国　名】中華人民共和国
【公用語】漢語（中国語）
【通　貨】人民元

アジアでの連続開催

二〇一五年七月三一日、クアラルンプールで開かれたＩＯＣ総会において、二〇二二年の冬季オリンピックの開催都市が北京に決定しました。一次選考が終わった時点での候補都市は、オスロ（ノルウェー）、アルマトイ（カザフスタン）と北京でしたが、オスロが撤退を表明。最終選考ではアルマトイと北京の決選投票になりました。二〇一八年の平昌《ピョンチャン》（韓国）、二〇二〇年の東京、そして二〇二二年の北京と、オリンピックが三大会連続で、アジアで開催されることになったのです。

二〇〇八年には夏季のオリンピックがあったばかりで、しかも雪の少ない北京。どんなオリンピックになるのか、注目が集まりそうです。

一人っ子政策

中国では、結婚できない男性が増えています。その原因は、一九七九年に始まった「一人っ子政策」です。爆発的な人口増加を抑えるため、国民が子供を二人以上持つことを禁じたのが、「一人っ子政策」。その結果、中国国家統計局の報告によれば四億人の人口抑制ができたということですが、一方で三〇代以下の男女比が偏ってきています。自然の状態であれば出生の段階での男女比率は女を100とすると男は105程度ですが、中国では100対120で、省によっては100対130というところもあるといいます。その背景には、将来親の面倒を見るのは男の子であるという考えや、農村部では労働力として男の子が必要なことから、男の子を望むという理由があります。

両親や祖父母総がかりで過保護に育てられた一人っ子は、わがままで我慢を知らない「小皇帝」や「小公主」としてそのまま大人になってしまいました。そんな彼らが、高齢化する中国社会の負担を負いつつ、国の将来を担っていかなければならない事態になっているわけです。

のちに、一人っ子同士の夫婦には二人目の子供を認めるという方針を打ち出しましたが、二〇一六年一月には「一人っ子政策」を撤廃。しかし、当分のあいだ少子高齢化は避けられず、急成長した中国経済にも影響が出るでしょう。

常識破りの資本主義

いまや中国は、アメリカと肩を並べる経済大国になりました。アメリカは中国に対して人民元を切り上げるようにいってきましたが、中国は実行していません。

普通であれば、中国は世界中に大量に物を輸出しているから、人民元が高くなるはず。日本も輸出超過の時期は円高に苦しみました。ところが中国は、元が上がると輸出にマイナスになるというので、為替を自国でコントロールしているのです。

その仕組みはというと早い話、お札をどんどん刷って、意図的に元の価値を下げるということ。お金が中国中にあふれると、土地やマンションの価格が上がってインフレになる。で、そうならないために、民間銀行が中国人民銀行に預ける預金準備率を高くする。民間銀行は中央銀行にたくさん預けなければならないから、民間人に対して貸し渋りをしたり、あるいは金利を引き上げたりする。さらに、地方の役所は地元の銀行から大量に借金していて、これが不良債権になっている。こういう図式は、バブルがはじけそうな〝法則〟なのですが、もしそうなると経済危機が、中国だけでなく世界を揺るがすことになるでしょう。

経済が発展していくとやがて人は民主主義を求めるようになる、というのが西側諸国の常識でしたが、中国では通用しません。これほど急速に発展しても、共産党の支配は揺らいでいませんから。資本主義のルールに沿わずに資本主義の利を得ている、極めて異質な国家なのです。

北京を変えたオリンピック

二〇〇八年に開催された北京オリンピックは、北京の街を一変させました。あちこちにあった四合院と呼ばれる伝統的な住宅は姿を消し、高層住宅が立ち並んでいます。道路も整備され、街路樹が増えました。以前は名物だった、道幅一杯の自転車の大集団もほとんど見ることはありません。これほどのスピードで変化した街は、そうはないでしょう。土地は国のものであり、立ち退《の》きも取り壊しも、当局がやると決めたら一気にしてしまうのがこの国のやり方なのです。

街並みだけでなく、人も変わりました。最初に北京に行ったときなどは、無愛想な入国審査の係官にパスポートを投げ返されたことを覚えていますが、いまではそんなことはありません。パスポートの扱いも丁寧で、微笑《ほほえ》みかけてくれることさえあります。レストランでもそうです。ただ立っているだけで注文もとりに来ず、隣に出ている料理を注文しても「没有《メイヨー》」（ありません）と言っていたウェイトレスたちが、いまではおすすめの料理を教えてくれたりしますから。タクシーでメーターを倒さない運転手もほとんどいなくなり、地下鉄に我先に乗り込もうとする人も見かけなくなりました。

地下鉄といえば、最近は北京のどの駅でも手荷物検査とボディーチェックをしています。毎回地下鉄に乗るたびに、空港の保安検査場のような場所を通らなければなりません。どんなに急いでいても、検査場が混雑していれば順番を待つしかなく、市民には不評のようですが、「ここではテロは起こせない」と思わせるには有効なのかもしれません。

北京なら、やはりここ

北京といえば、まずは天安門広場ではないでしょうか。毛沢東時代の軍事パレード、一九七六年と一九八九年の天安門事件。世界に名の知れた世界一広い広場です。

広場の東西に入り口があり、ここで手荷物検査を受けて地下通路を通ります。長安街をくぐり抜け、地上に出るとそこが天安門広場。北側にあるのが毛沢東の肖像画がかかる天安門。西側にあるのが人民大会堂で東側は中国国家博物館。中央にあるのが毛主席記念堂です。ここには毛沢東の遺体が安置されていて、その建国の父の姿をひと目見ようと全国から訪れた人々で連日長蛇の列ができています。

そしてここには驚くべき話があります。ソ連と中国が対立していた時代、核戦争に備えて天安門広場の地下を中心に巨大な地下都市が造られたのです。一説には一〇〇万人収容できるともいわれています。広場と共産党幹部の居住区は地下でつながっています。

天安門の北側には故宮博物院があります。明、清の時代には「紫禁城」と呼ばれていた宮殿。「故宮博物院」というと台湾にもありますが、中国国内で共産党と国民党との内戦時代、旗色の悪くなった国民党が台湾へと脱出した際に、ここにあった美術品を大量に持ち出したのです。ですから、美術品や古い工芸品が多くあるのは台湾のほう。北京はどちらかといえば、建物群が魅力です。特に皇帝専用の通路だった「雲龍大石彫」という石段。大理石の彫刻には圧倒されます。

故宮博物院のさらに北側にある天壇公園は、世界文化遺産に登録された美しい公園。歴代の皇帝が祭祀《さいし》を行った場所で、祈念するための祭殿や祭壇が残されています。「天」と名が付いているように、地上の天子（皇帝）が天上の天帝といわば「交信していた」そうで、地形から細部の装飾に至るまで天体や宇宙にまつわる形で造られています。皇帝たちのパワースポットということなのですね。

対日感情は？

中国といえば、反日感情が強いイメージがあります。なにかというと反日デモやサイバー攻撃が取りざたされますが、誰もが反日というわけではないことは、訪れてみれば実感するはずです。こちらが日本人だとわかっても、あからさまに嫌悪されるということはありません。

二〇〇七年の中国でのアンケート調査によれば、「好きではない隣国」の一位が韓国で二位が日本でした。一方、「好きな隣国」の一位はパキスタン、二位がロシア、そして三位が日本になっています。長く反日的な教育を受けてきていますから、建前では反日的なことも言わざるをえないところもあるのでしょう。でも、「勤勉で清潔好きなところ」「安全な食品」「精巧な機械技術」など、中国の人たちが日本を認めていることもたくさんあるのです。

バリ島

【国　名】インドネシア共和国
【公用語】インドネシア語
【通　貨】ルピア

神々の島

バリ島のあるインドネシアは「インドの島々」という意味で、およそ一万八〇〇〇もの島で成り立っています。人口は約二億四〇〇〇万人で世界第四位。その九〇パーセント近くがイスラム教を信仰していて、イスラム教徒の人口が世界第一位の国です。しかし信仰の自由は憲法で保障されており、仏教やキリスト教、ヒンドゥー教などを信仰している人々もいます。

首都ジャカルタはジャワ島にあり、そのすぐ東にあるのがバリ島です。日本人にはなじみ深いリゾートの島ですね。

別名「神々の島」。バリ島の人々の宗教は、「バリ・ヒンドゥー」で、古代からあったバリ土着の信仰と、伝来したヒンドゥー教とが習合したものです。バリ・ヒンドゥーにはさまざまな神が存在し、人々は古くからの慣習や文化様式にのっとって暮らしています。国民の九〇パーセント近くがイスラム教徒であるインドネシアにあって、このバリ島はおよそ九〇パーセントがバリ・ヒンドゥー教徒です。これだけをみても、バリがいかに独特な島かがわかります。

独立まで

インドネシアと世界が関わりを持つようになったのは、一六世紀にオランダの商船が来航してからで、一七世紀初めにはオランダがジャワ島に東インド会社を設立し、香辛料などの貿易を盛んにします。その後オランダは「オランダ領東インド」としてインドネシアを直接統治します。オランダの支配体制は住民にとって過酷であったため、反発が生まれ、民族意識が芽生えます。やがて二〇世紀初頭、独立運動が起こり始めます。インドネシア共産党、インドネシア国民党などが結成され、植民地政府と対立しますが、弾圧されて民族運動は下火になっていきます。

そして第二次世界大戦。日本は、東南アジアを統治していたイギリス軍やオランダ軍を駆逐します。一九四二年にはインドネシアに軍政を敷き、統治します。このとき、現地の日本軍がとったのが緩和政策でした。投獄されていた民族運動の指導者を解放したり、イスラム教を認めたり、教育制度を広めたりしています。さらにインドネシアの独立も認めて支持しました。

第二次世界大戦で日本が連合国側に敗れると、インドネシアは独立を宣言しますが、オランダはこれを認めず、再植民地化を画策します。国民の抵抗戦は独立戦争へと発展し、四年にわたって続きますが、オランダへの国際的な非難もあり、ついに一九四九年一二月、インドネシアは独立を果たしたのです。

軍政権下の日本もインドネシアに対していいことばかりをしたわけではありませんが、戦後は多額の賠償金に応じたり、発展のための援助を続けたりした経緯から、対日感情は友好的なものになったのです。

バリ島の魅力

その良好な対日感情もあり、二〇〇〇年代初めまではインドネシアを訪れる外国人観光客のトップを日本が占めていました。現在はシンガポール、中国、マレーシア、オーストラリアに次いで第五位（二〇一六年現在）。それでも年間二〇万人以上の日本人が訪れています。

バリ島の観光地を大別すると、サヌール、クタ&レギャン、ヌサドゥア、ウブドの四つの地区になります。

サヌールはリゾート地の元祖のようなところ。オランダ統治時代から欧米人が滞在するようになった、素朴で静かな海辺の街です。ここには、バリでいちばん背の高いホテル「インナ・グランド・バリ・ビーチ」があります。バリ島では、「椰子《やし》の木より高い建物は禁止」という法律があるのですが、このホテルはその法律ができる前の一九六六年にオープンしました。日本の戦時賠償金で建てられました。

サヌールと反対側の西海岸にあるのがクタとレギャン。ここは波がいいというので、昔からサーファーが集まってきたところ。バリ島一の繁華街で、安いホテルや商店が並んでいる若者の街です。

そして、政府が開発に力を注いできたのがヌサドゥア。高級ホテルが立ち並ぶこのエリアは塀でぐるりと囲まれ、そこに入るにはセキュリティチェックを受けなければなりません。つまり許可のない物売りなどが立ち入れないようにしているわけで、治安も良く、安心といえば安心なのですが、あまりに整然としすぎていて物足りなさを感じる人もいるかもしれません。

「芸術の村」とも呼ばれるウブドは山の中にあります。山の斜面に段状の棚田（ライステラス）が広がって、実に美しいところです。日本の田舎に足を踏み入れたような、懐かしさすら覚えます。ここも古くからあるリゾート地ですが、一九三〇年代ごろから、バリの芸能や文化の中心地として脚光を浴びています。この地に移り住んだドイツ人画家が、独特の宗教観を持つ島の芸術に西欧人がイメージするオリエンタリズムの息を吹き込みました。そして、濃密でスピリチュアルなバリ文化というものが熟成されてきたのです。

澄んだ金属音が印象的なガムラン音楽、その演奏にのって踊るケチャやバロン、影絵芝居。神話や伝説や自然を題材にした絵画、イカットという織物（日本でいう「絣《かすり》」のこと）。こうした「バリの匠《たくみ》」の技に身近にふれられるのもウブドの魅力です。

島の至るところには寺院があります。敬虔《けいけん》なバリ・ヒンドゥー教徒である島民は、そうしたお寺に日々の供え物を欠かしません。神々に祈り、日々働けることを感謝し、踊りや音楽を捧げる。島の人々にとってはそれがごく普通の暮らしなのですが、われわれには究極の「スローライフ」にも映ります。

ASEANの中心国として

二〇一一年三月、南シナ海でフィリピンの資源探査船が中国艦艇の妨害を受けました。ベトナムの排他的経済水域にいた調査船のケーブルが中国の船によって切断されるという事件もありました。領有権をめぐってアクションを起こしてきた中国に対して、フィリピンは海軍を増強すると表明し、ベトナムでは徴兵令を出して戦闘態勢を整えたりもしました。

また同年七月、中国は航空母艦を所有していると発表しました。これは海軍力を誇示されたということですから、ＡＳＥＡＮ（アセアン＝東南アジア諸国連合）にとっては脅威です。中国にとってこれは、南シナ海の領有権問題に関してＡＳＥＡＮとの交渉を有利に進める手段であり、「平和的」（戦闘なし）に解決するためのアピールであろうと推測されます。

ＡＳＥＡＮは、一九六七年、タイ、インドネシア、シンガポール、フィリピン、マレーシアで結成されました。経済、社会、政治や安全保障など、地域で協力していこうという機構です。いずれも反共産主義の国家。五カ国からスタートし、その後、ブルネイ、ベトナム、ミャンマー、ラオス、カンボジアが加わっています。

中国との関係に緊張が走るなか、実は国境の寺院をめぐるタイとカンボジアの対立というのも起こりました。その仲介役が、ＡＳＥＡＮのリーダー的存在のインドネシア。ＡＳＥＡＮ内で対立はやめようと説得したのです。中国からの直接的な脅威は受けていないインドネシアですが、ＡＳＥＡＮ諸国の中国に対する警戒心というのは根強いものがありますから、本当に「内輪もめ」をしている場合じゃないと言いたいのでしょう。

また日本はインドネシアから、液化天然ガスの七・二パーセント、石炭の一四・九パーセントを輸入しています。さらに中東から運ばれる石油の大半は、マラッカ海峡を越えて日本に届いています。この地域の安定と良好な関係の維持は、日本にとって重要な意味を持っているのです。

香港

【国　名】中華人民共和国
【公用語】広東語、英語、中国語（北京語）、等
【通　貨】香港ドル

雨傘運動

二〇一四年九月、香港の繁華街を埋め尽くす大規模なデモが行われました。デモの中心となったのは学生たち。きっかけは中国の国会である全人代（全国人民代表大会）常務委員会の決定でした。香港では二〇一七年の行政長官選挙から普通選挙が行われる予定でしたが、常務委員会はその選挙において、立候補者の人数を制限し、しかも指名委員会の過半数の支持がある者に限ると決めたのでした。行政長官とは、高度な自治が認められている香港のトップ。いわば大統領です。この指名委員会の多数は中国政府寄り、つまり、中国政府の意向を反映できない人物は立候補させない、ということなのです。

デモの参加者は増え続け、市内中心部の各所を占拠します。さらに学生たちは行政府を占拠して、「普通選挙」の実施と香港政府幹部の辞任を要求しますが、目立った進展

のないままに抗議運動は長引いていきます。当初はデモに好意的だった一般市民も、市内の占拠が長期化して生活に影響が出るようになると、しだいに苛立《いらだ》ちを見せるようになりました。デモが始まってから二カ月半、政府は学生たちの要求を拒否したまま強制排除に乗り出しました。この抗議運動は、参加者たちが警官隊の催涙弾を避けるために雨傘を開いたところから、外国のメディアから「雨傘運動」「雨傘革命」と呼ばれました。

一九九七年にイギリスから返還された香港は中国であり、その中国においての行政長官選挙で、なぜ普通選挙を求めるデモを行うことができるのか。それは、中国が香港において「一国二制度」を採用しているからなのです。

一国二制度

中国がまだ「清」(一六一六~一九一二)という国だった時代、一八三九年のアヘン戦争によって、イギリスは香港島を手に入れ、植民地として統治します。その後、九龍《クーロン》半島も掌中に収め、一八九八年に九龍以南より北側、深圳《シンセン》より南側の地域をイギリスが九九年間租借するという条約が結ばれました。

一九四一年の一二月に始まったアジア太平洋戦争により、香港を含む九龍半島は日本に制圧されますが、大戦終結後は、九九年間租借するという条約にもとづき、再びイギリスが香港を治めます。中国では共産党と国民党による内戦の結果、一九四九年に中華人民共和国が成立しました。このとき、どこよりも早く中華人民共和国を国家として承認したのがイギリスでした。

やがて九九年という時が経ち、一九九七年六月三〇日をもってイギリス統治の時代が終わりました。しかし、長くイギリスの影響を受けた香港に、いきなり中国の社会主義を持ち込むにはどうみても無理があります。そこで考えられたのが「一国二制度」というものでした。同じ国でありながら、二種類の制度を適用する。つまり、社会主義の中国において、香港だけはそれまでどおりの資本主義でいくというやり方で、返還後五〇年はこれを維持することになっています。

これには中国にとっても大きなメリットが想定できます。まずは香港を足掛かりにした経済発展。そして香港が資本主義諸国に対する窓口になること。さらには同じ資本主義政策を進めて香港とも自由な行き来があった台湾を「解放」すること。解放とは中国の社会主義体制に組み入れることです。台湾を領土の一部と見なす中国にとって、やがては香港とともに台湾を「解放」する、という意図があるのです。

中国に返還される直前には、香港が共産化されてしまい、財産も国家に没収されるのではないかと恐れた多くの人たちが、香港を離れました。また、すぐではないにしても、いざ共産化が強化されたときに逃げだせるように、人々はそれまで統治していたイギリスの国籍を取得しておこうとしました。しかし、イギリスはこれを拒否。同じイギリス連邦だったカナダやオーストラリアが受け入れました。その結果香港では、別の国籍を持つ人は珍しくありません。そういう準備があるからでしょうか、現在では香港から移住する人は減っているようです。二〇〇九年に行われたアンケートによると、自分は中国人であると意識している香港の人は二割だといいます。

百万ドルの夜景

中国大陸の一部でありながら自由な空気を持つ香港は、多くの観光客をひきつけてきました。そんな観光客に有名なのが「百万ドルの夜景」と称《たた》えられるヴィクトリアピークからの夜の眺めです。このことさら美しい夜景の誕生には、イギリスが関わっています。

香港の統治を始めたイギリスは開発を進めますが、当時、高いビルを建てることができるのは、女王陛下の許可が得られた土地に限られていました。つまり、ごく一部の地域だけに高層ビルが身を寄せ合うように建てられていったのです。その結果、明りの密度が濃くなり、ひときわ鮮やかな夜景がうまれたというわけです。

また、イギリス統治時代の建物といえば、イギリスが世界に誇る第一級ホテル、「ザ・ペニンシュラ香港」。実は、一九四一年に香港を制圧した日本に対してイギリス軍は降伏しますが、そのときの降伏文書が交わされたのが、この「ザ・ペニンシュラ香港」でした。

一二月二五日、イギリスの威信をかけたこのホテルに日章旗が掲げられた日の屈辱は深く、イギリス軍はその日のことを「ブラック・クリスマス」と呼んだのです。ここでのイギリス式のアフタヌーンティーの素晴らしさは、いうまでもありません。

香港が中国らしいのは、「風水」を取り入れた建物が多くあるということ。なかには、「風水戦争」なるものも起きています。

香港上海銀行ビルは一九八五年に完成しましたが、その高層ビルに見下ろされるかたちになったのが中国銀行ビル。風水的に頭を押さえつけられるようでよくない、ということでその中国銀行が一九九〇年に新たに完成させたのが中国銀行タワーですが、その鋭く尖《とが》った建物の角が香港上海銀行ビルに向けられているのです。するとこの攻撃に対して反撃に出るかのように、香港上海銀行は屋上に大砲型のクレーンを増築。どうやら悪い「気」を撃ち返す、ということらしいのです。その間、両者の業績は悪化したり良くなったりしたとか。まあ、巨額の費用をつぎ込んでいるわけですから、本気なのはわかりますよね。

英語から北京語へ

香港が返還されて大きく変わったのは、言葉ではないでしょうか。イギリスに統治される前からこのあたりで使われていたのは広東語で、イギリス統治時代の公用語は英語でした。ですから、返還前は広東語と英語だけで、北京語はまったくといっていいほど話されていませんでした。ところが中国に返還されてからは、公用語に北京語（普通語）が使われるようになり、学校でも北京語の普及に力を入れるようになりました。また香港企業の中国進出や中国からの観光客が増えたこともあって、街では北京語をしばしば耳にするようになりました。

もっとも、広東語も英語も使われ続けていますから、北京語ができなくては香港で困る、ということではありません。

私が好きなのは、九龍半島の尖沙咀《チムサーチヨイ》あたり。高級ホテルが立ち並ぶ一方で、競うように看板を出して軒を連ねる商店街は活気にあふれ、香港人のたくましさがうかがえます。地元の人たちが通うような食堂に入って、甲高く耳に響く広東語のシャワーを浴びると、香港にいることが実感できます。

ホーチミン

【国　名】ベトナム社会主義共和国
【公用語】ベトナム語
【通　貨】ドン

独立への闘争

近代史において、アジア、特にインドシナ半島にある国々は「植民地」としてヨーロッパ諸国に支配されてきました。ベトナムを支配したのはフランスでした。一八八七年、カンボジアとともにフランス領インドシナ連邦となりました。

二〇世紀になり、民族運動が高まってきたころ、進駐してきたのが日本軍です。第二次世界大戦時、日本と同盟を結んでいたドイツがフランスを占領した時点で、ではわれわれも、とベトナムに軍を進めたのでした。

第二次世界大戦後、敗戦国の日本が引き揚げると、またフランスが戻ってきます。しかし、ベトナムでは植民地支配から脱したいという気運が高まり、独立闘争が始まります。その指導者ホー・チ・ミンはベトナム独立同盟会「ベトミン」を結成。一九四五年、彼は、ベトナム民主共和国の樹立を宣言して、初代の国家主席になります。

南北に分断

しかし、あくまで支配を続けようとするフランスとの対立は激化し、一九四六年、独立戦争に突入します。一九四九年、フランスはベトナム帝国皇帝であったバオ・ダイを擁してサイゴンにベトナム国をつくり、独立を認めます。一方、成立したばかりの中華人民共和国とソ連がベトナム民主共和国を承認し、援助を始めました。アメリカに支援を要請したフランスでしたが、ベトミンの勢いは止まらず、北部の軍事的要衝であるディエンビエンフーの戦いで敗北は決定的になり、ついにベトナムから撤退します。

一九五四年のジュネーブ協定調印で、北緯一七度を境に両軍を分け、統一選挙が行われることになりましたが、アメリカがこれを拒否して傀儡《かいらい》政権であるベトナム共和国を樹立させます。当時は東西冷戦のさなか、アメリカとしては共産主義の影響がベトナムに及ぶことを恐れたのでした。こうしてベトナムは、ハノイを首都とするベトナム民主共和国（北ベトナム）とサイゴンを首都とするベトナム共和国（南ベトナム）に、北緯一七度で分断されたのでした。

南ベトナムは議会制民主主義をとっていましたが、アメリカの意向に沿わない政権は、ＣＩＡ（アメリカ中央情報局）がクーデターを仕掛けて倒す、という事態が繰り返され、政治は腐敗しきっていきます。国民の反発は強くなり、反政府ゲリラ活動が多発します。そんななかで、南ベトナムに残ったベトミンを中心に「南ベトナム民族解放戦線」が組織されました。

これをアメリカは、共産主義勢力と見なして敵視します。ベトナム共産主義を蔑称的に「ベトコン」と呼びました。民族解放戦線の動きに苦戦する南ベトナム政府が、アメリカに支援を要請します。一九六二年、アメリカはサイゴンに軍司令部を設置し、ついにベトナム戦争が始まったのでした。

アメリカ撤退まで

徹底的な解放戦線のゲリラ戦に、徴兵されたばかりの若いアメリカ兵は混乱をきたします。農民と「ベトコン兵」の区別がつかず、民間人を大量に虐殺する事件も起きます。一方で、神出鬼没のゲリラ作戦に戦死者や捕虜は増えるばかり。最終的には五〇万を超える兵をベトナムに送ることになりました。

ベトナムを「石器時代に戻してやる」と言ったのは、空軍の司令官カーチス・ルメイ。その発言どおり、アメリカ軍は、北から南の反政府勢力への支援を断つために「北爆」(北ベトナムへの爆撃)を繰り返します。攻撃目標のないまま無差別に爆弾を投下し、ジャングルに隠れた解放戦線兵士を発見しやすくするために人体に有害な「枯葉剤」をまき散らしました。

しかし、爆撃は思ったほどの成果を挙げられずにベトナムの米軍はますます疲弊し、国際的な非難を浴びます。ついにニクソン大統領は全面撤退を決断し、和平交渉に臨みます。一九七三年の和平協定で北ベトナムと合意し、アメリカ国民に向けて「ベトナム戦争の終結」を宣言します。しかしこれが終結だったわけではありません。ただ単に、アメリカ軍がベトナムからいなくなっただけでした。その後、北ベトナムは南ベトナムへの攻撃を開始して南下し、七五年ついにサイゴンを陥落させたのでした。アメリカに見捨てられたかたちの南ベトナムは多くの犠牲を出しながら降伏。南ベトナムは崩壊してベトナム社会主義共和国となり、ハノイを首都として七六年南北のベトナムが統一されました。南ベトナムの首都だったサイゴンはホーチミンと改名されました。

日本とのかかわり

ベトナム戦争中、アメリカ本土では、生きて帰れない戦場には行きたくないと思う若者や、息子を死地に送りたくないと思う親たちから芽生えた反戦の気運が盛り上がりました。

日本でも、ベトナム戦争に反対する市民団体がいくつか生まれます。そのひとつ「ベ平連」（ベトナムに平和を!市民連合）はアメリカ兵の逃亡の手助けに乗り出しました。

アメリカ兵はベトナムで二カ月戦うと休暇がとれました。その際に日本にやってきた逃亡希望のアメリカ兵を手助けしカナダへと亡命させていたのです。

またベトナムの新しい国家は、じわじわと社会主義を導入します。すると、共産主義を恐れた人々（主に旧南ベトナムの人々）が大量に船で脱出するようになりました。これが「ボートピープル」と呼ばれる難民でした。

そんな船が日本を目指したり、漂流しているのを日本の船が助けたりして、大量の難民が日本に入ることになりました。それまで難民の受け入れをしたことがなかった日本は、彼らを希望する国に送り出すということで対処しようとしたのですが、他の先進国のひんしゅくを買って、とうとう受け入れに踏み切りました。これが難民受け入れの初のケースになりました。このように、ベトナム戦争は、実際の戦争を知らない世代の日本人にとっても「戦争がもたらすもの」を身近に感じさせたのです。

ゆるやかな関係で、したたかに経済が発展

国土が焦土と化したベトナムの経済復興は、一九八六年の「ドイモイ（刷新）政策」という開放路線に始まりました。ベトナム共産党の指示には従いつつ、経済活動は自由に行えるというもので、これで急激に経済が発展していきます。

一党独裁の国家ながら、宗教は仏教、カトリック、プロテスタント、イスラム教、そ

してベトナム独自のものなどが公的に認められています。徹底した社会主義というのではなく、資本主義も認めながら、かつての敵国とも同盟関係を築きます。

あえて過去の話を持ち出さずに「ゆるやかな関係」をつないでおく、そして、どんどん外資を導入する。したたかなやり方です。アメリカとは一九九五年に国交が復活し、アメリカ人の観光客も企業も歓迎されています。かつてはアメリカ兵の捕虜収容施設のことをアメリカ兵たちは「ハノイ・ヒルトン」と呼んでいましたが、いまや本物の「ヒルトン・ハノイ・オペラ」が開業しています。

国境を接する中国とは、微妙な関係にあります。というのも、秦の始皇帝の時代から一〇〇〇年にわたって中国王朝の支配下にあったように、領土問題は繰り返し起きているのです。最近では、南シナ海の諸島をめぐって領有権を争っています。けれど、経済においては中国のマーケット抜きでは成り立たず、微妙な立場に立たされています。

ベトナムは、日本が最大の支援国となっているＯＤＡ（政府開発援助）と外資を経済の大きな二本柱として、ブラジルに次ぐ生産量のコーヒー、輸出品第一位の石油などの産業に加えて、観光業も大きな産業になりつつあります。

過去の傷跡を「遺産」に東洋のパリと呼ばれる街

ホーチミンはベトナム最大の都市で、フランス植民地時代の面影が残っているため、

「東洋のパリ」とも呼ばれています。緑したたる街路樹の通り、コロニアル様式の建物、教会など、ヨーロッパを思わせる雰囲気があります。そのフランス時代の名残はカフェやフランスパンを使ったベトナム風サンドイッチのバインミー、コーヒー文化などにも見ることができます。

ホーチミンでまず驚くのは、そのバイクの数でしょう。右からも左からも道幅一杯にバイクの集団が走ってきます。電車も地下鉄もないので、市民の足はもっぱらバイクなのです。

統一会堂（南ベトナム政府時代の大統領官邸）は一見の価値のあるところ。ここに突入してきた解放軍（実際は北ベトナム政府軍）の戦車（レプリカ）が展示されていて、地下には司令室や暗号解読室などがそのまま残っています。戦争証跡博物館はベトナム戦争の記憶を生々しく伝えています。枯葉剤による被害の状況と記録、厳しい拷問が科せられた牢獄《ろうごく》、そして従軍カメラマンたちの戦場写真など、あらためて戦争の痛ましさ、愚かさを思い知らされる場所です。

赤レンガ造りの美しいサイゴン大教会（カトリックの聖母マリア教会）のそばにある中央郵便局も訪れてほしいところです。駅かと思うぐらいの大きな建物の内部の天井は、美しいアーチ状になっています。そして、つきあたりの壁には肖像画。この人物こそが、ホー・チ・ミンです。

社会主義国家でカリスマ的な指導者というと、レーニン、毛沢東、金日成《キムイルソン》などを思い出してしまいますが、彼は「ホーおじさん」と呼ばれるほど国民から敬愛されていました。いつもサンダル履きで、贅沢とは無縁で、気さくな人柄だったようです。ベトナムのすべてのお札に肖像が描かれています。彼自身は、自分が死んだら灰をベトナムの地にまいて、墓をつくらないようにと遺言したのですが、後世の人間はそれを守りませんでした。ホーおじさんは、ハノイのホー・チ・ミン廟《びょう》に眠り、観光客も見ることができます。

シンガポール

【国　名】シンガポール共和国
【公用語】マレー語、英語、中国語、タミール語
【通　貨】シンガポール・ドル

建国の父

　東南アジアのマレー半島南端に隣接するシンガポール島と、周辺の島々から成るシンガポール。この地理的条件からわかるように、もともとこの国はマレーシア連邦の一部でした。そのマレーシア連邦はイギリスの自治領でしたが、一九六三年に独立していま す。しかしマレーシア連邦のなかでも、シンガポールはイギリス統治時代に流入した中国人とその子孫が人口の半分を占め、マレー人との対立が絶えませんでした。そのため一九六五年にマレーシア連邦から分離し、独立します。ただしこれは望んだ独立ではなく、マレーシア連邦からの追放でした。

　初代首相となるリー・クアンユーは「私にとって、今は苦渋の時です」と語り、涙しながら独立を宣言したのでした。

そして二〇一五年三月二三日には、シンガポール国民が涙します。その「建国の父」リー・クアンユーが亡くなったからです。九一歳でした。

独立のために経済市場を失い、大きな産業もなく、さらにイギリス軍基地の撤退で一〇万人以上が失業するという、まさに何もない状態から現在のシンガポールをつくり上げたのがリー・クアンユーでした。

海外資本誘致から観光産業へ

一八一九年から始まったイギリスの統治のなかで、日本が支配した時代もありました。真珠湾攻撃をしかけてアジア太平洋戦争に突入した日本は、一九四二年から終戦まで、イギリスの植民地だったシンガポールを占領しました。昭和にできた南の島ということで「昭南島」という名前をつけたのです。また、日本軍は日中戦争を戦っていたさなかであり、シンガポールの中国系男子を「反乱の可能性がある」として大量に処刑していきます。この時期を生き延びたリー・クアンユーにしてみれば、日本は憎むべき国であっても学ぶべき国ではなかったはずですが、首相時代の彼は日本を手本にした成長を目指します。なにもかもを西洋に見習え、追いつけというのではなく、アジアならではのやり方ができるはずだという視点には鋭いものがありました。「シンガポールの労働者は日本人のように向上心を持つべきだ」と、高度成長を遂げた日本を見て、意識改革を促しました。

リー・クアンユーが打ち出した経済政策の目玉が、外国資本を誘致することでした。外資系企業を税制面で優遇し、シンガポールの労働力を安い賃金で提供して、海外からの企業進出や投資がしやすい環境を用意しました。さらに、空港、港湾、道路、通信などのインフラを整備。金融市場も開設し、観光産業にも力を入れました。

ときには自説を押し通すために反対派に圧力をかけて批判も浴び、「開発独裁」とも呼ばれましたが、人種や宗教の壁を超えた国民の団結を掲げ、国家成長の礎を築いた人物でした。

水が命

シンガポールは国土のほとんどが平地で、降雨量はあっても保水力に乏しく、常に水不足に悩まされてきました。頼みは隣国マレーシアからの購入です。パイプラインを引いて、水を買ってきました。しかし必ずしも関係が良いわけではないマレーシア。両国間で問題があるたびに、値上げを要求されたり供給を止められたりしてきました。二〇六一年には完全にマレーシアからの水はストップする予定です。

そこで政府は水問題を最重要課題として取り組んできました。一九九八年に国として研究を開始し、二〇〇三年に下水を真水にする工場を稼働させました。ここで生まれるのは「ニューウォーター」と呼ばれ、通常どおりにきれいにした下水処理水をマイクロフィルターと逆浸透膜で濾過《ろか》し、さらに紫外線で殺菌処理した水です。あまりに不純物がないため、「トゥ・クリーン・トゥ・ドリンク」(きれいすぎて飲めない)といわれ、飲料用にはミネラルを加えています。

現在は五カ所の「ニューウォーター」の工場が稼働していて、全体の需要の三〇パーセントをまかなっています。政府の目標は二〇三〇年までに五〇パーセント。海水の淡水化も同時に進めていて、将来的には人工の水で需要の八〇パーセントを安定供給する予定です。

マーライオンに代表されるように、あちこちに噴水があって、観光客の目には水が豊富にあるように映るシンガポールですが、その実、水は一滴も無駄にできない国なのです。

ファイン・カントリー

シンガポールは「ファイン・カントリー」とも呼ばれています。Fｉｎｅには、素晴らしいとか優れたとかいう意味とは別に、罰金という意味もあります。そう、ここは罰金の国。「発展には民主主義よりも規律が必要だ」という、リー・クアンユーの信念からできた制度です。

路上ではゴミを捨てても罰金、ツバを吐いても罰金、チューインガムを捨てても罰金。チューインガムは観光客の持ち込みも禁止です。また、地下鉄では、喫煙も罰金、飲食をしても罰金、可燃物を持ち込んでも罰金。それ以外にも、線路を歩いたら罰金、というのはわかりますが、切符を折り曲げても罰金、というのもあるそうです。

おかげでどこを歩いてもゴミはなく、清潔な街が維持されています。罰金のことを考えると最初は緊張しますが、要は人の迷惑になるようなことはしない、という当たり前の気持ちでいれば心配することはありません。ちなみに、強烈なにおいで有名な果物のドリアンは、地下鉄やタクシーに持ち込むのは禁止ですが、罰金はないようです。

観光産業の柱

二〇一〇年、シンガポールに二つの総合リゾート施設がオープンしました。一つは港湾エリアのマリーナ・ベイ・サンズ。もう一つがリゾート地区セントーサ島のリゾート・ワールド・セントーサです。これらに共通するのが、シンガポール初のカジノを備えていること。

シンガポールでは長いあいだカジノの誘致が問われてきましたが、そのたびに政府によって却下されてきました。しかし、香港やマカオなどのカジノを有した観光都市の台頭に、とうとう首を縦に振ったのでした。日本のＩＲ（統合型リゾート）推進法にとってのモデルとなりました。

マリーナ・ベイ・サンズは、三つのタワーをつなぐように屋上に乗った巨大な船のようなもの。その船の正体は大きなプールで、いまやシンガポールのランドマークになっています。マリーナ・ベイ・サンズとリゾート・ワールド・セントーサの二つの施設は二万人以上の雇用を生み、二〇一三年の売上高は五六〇〇億円ともいわれており、観光産業の柱ともいえるほどになっています。その一方で、政府はカジノを悪徳であると明言し、シンガポール国民にはかなり厳しく制限を設けています。

私が見るかぎり、お得意様は裕福な中国人です。週末ともなると、大陸からどっと押し寄せ、大混雑になるのです。

民族、文化、宗教……多様さの魅力

またこの国は、異なる民族と文化が見事に共存しています。中国系だとチャイナタウン、ヒンドゥー教のインド系だとリトルインディア、イスラム教のマレー系だとアラブストリートというふうに、住み分けができています。道路一本挟んで雰囲気がまったく変わりますが、不思議なくらい対立の空気が見えません。そして、とても治安がいいのです。

民族の数だけ料理も異なるのでバラエティも豊かで、観光客にとっては魅力的です。

シンガポールでは夫婦共働きが普通なので、外食産業も発達しています。昔は屋台がごちゃごちゃしていたのですが、今では衛生管理に厳しくて、役所の許可を得た屋台がまとまって屋台村のようになっています。

街は巨大な高層ビルだらけというイメージがあるかもしれませんが、植民地時代から続いているラッフルズ・ホテルもあれば、派手なヒンドゥー教寺院や白いモスクもある。ユニバーサル・スタジオ・シンガポールやマーライオン・タワーがあるかと思えば、自然保護地域もある。近代的リゾートで遊ぶこともできれば、動物園でナイトサファリも楽しめる。観光立国の底力を見る思いがします。

バンコク

【国　名】タイ王国
【公用語】タイ語
【通　貨】バーツ

色に込められた意味──「赤」と「黄」の対立

私たちが普通に呼んでいる「バンコク」は、実は現地では使われていません。「クルンテープ・マハーナコーン・アモーンラッタナコーシン・マヒンタラーユッタヤー……」まるで落語の『寿限無《じゅげむ》』のような長い正式名称ですが、略して「クルンテープ」。「天使の都」という意味だそうです。タイは昔から「ほほえみの国」ともいわれて、ホスピタリティの高さで定評がありました。

そんな国が近年ザワザワしています。記憶に新しいのは、大規模な反政府デモ、タイ空港の占拠、王室を誹謗《ひぼう》中傷したウェブサイトの閉鎖といった一連の出来事でしょう。街には赤と黄色のTシャツが氾濫していました。なぜ、こんな事態になったのか。まずは二〇〇一年に首相になったタクシン・チナワットのことからお話ししましょう。彼は農業の振興や貧困層の救済政策などで、北部の農村部で圧倒的な支持を得ました。ところが、自分の親族を要職につけたり、不正蓄財の疑惑などが表面化したりして、都市部の中間層から退陣を求める声が高まり、ついに二〇〇六年、軍事クーデターで失脚します。

その後、タクシン派だった首相の選挙違反での失脚などを経て、反タクシン派のアピシットが二〇〇八年に首相となります。ところが、二〇一〇年四月〜五月、バンコクでのタクシン派のUDD（反独裁民主戦線）のデモ隊排除に軍を投入し多くの死傷者を出しました。この際には、ロイター通信のカメラマンとして取材中だった村本博之《むらもとひろゆき》氏も亡くなっています。アピシット首相は辞任後、この事件で殺人罪に問われ、起訴されています。

代わって首相になったのがインラック・シナワトラ。タクシン・チナワットの妹で、タイ初の女性首相でした。しかし彼女も政治の要職に親族を登用したとして、職権乱用で首相の座を降りることになります。インラック首相の失職により、ニワットタムロンが首相代行に就任しますが、軍がクーデターを宣言し、軍人であるプラユット・チャンオチャが国王から第三七代首相に任命されています。

タクシン派はUDD、反タクシン派はPAD（民主化市民連合）という市民運動グループをそれぞれ組織して、依然対立は続いたまま。そんな流れが、さまざまな事件へと結びついているわけです。

この二者を象徴しているのが「赤」と「黄」の二色。タクシン派の赤は、国のシンボルカラーということで〝愛国者〟を表明しています。一方、反タクシン派の黄色は、実は誕生日の曜日に由来しています。タイでは生まれた曜日によって、自分の色が決まります。黄色は当時のプミポン国王（ラーマ九世）が生まれた月曜日の色。反タクシン派は国民が敬愛する国王のカラーを選んだのです。

そのプミポン国王は二〇一六年一〇月に死去。現在は息子のラーマ一〇世が国王です。もしタイに観光旅行に行くなら、目立つような赤色と黄色の服は着ないほうが無難でしょう。

クーデターは、タイ式民主主義代行か？

「軍事クーデター」というと物騒な響きですが、タイでは国王に承認されるということが大前提です。立憲君主制国家ですから、国王は直接には政治には関与しません。けれども政治が混乱すると、選挙での政権交代ではなく、軍がクーデターを起こして軍事政権を樹立することがたびたび起こってきました。その際、軍の代表者は国王のもとに出向いて、政権の許可を求めます。国王が支持を与えて初めてクーデター成功となるのです。やがては軍が退いて、選挙による首相へ交代する。こんな繰り返しで、タイ独特の民主主義が行われてきました。

これはすべて、国王が国民から崇拝、敬愛されているからこそでしょう。賢明な君主として知られるプミポン国王は政治から距離を置いていたのですが、二〇〇六年当時の混乱ぶりは見過ごせなかったようです。それでタクシン首相に注文をつける。すると首相は、遠回しに国王を批判する。これが国王を尊敬する人々の怒りを買いました。これもクーデターにつながる要因になったというわけです。

尊敬されるお坊様、ワットに足を運んで

「天使の都」「ほほえみの国」と称される理由の一つは、国民のほとんどが敬虔な仏教徒だからかもしれません。原初の戒律にのっとった「上座部仏教」で、これはスリランカやミャンマーなど南アジアで広く信仰されています。ちなみに、日本や中国、チベットの仏教は「大乗仏教」と呼ばれています。

タイの僧侶は、厳格な出家主義に従って俗を捨てた聖なる人とされています。つまり、厳しい修行を積んだお坊様はとても偉いのです。男子たるもの、一生に一度は出家するというお国柄ですから、どんな小さな村にも「ワット」（寺院）があります。

バンコクで訪ねたいのは、王室の守護寺院ワット・プラケーオ（エメラルド寺院）。王宮の敷地内にあります。建物の様式や外壁の装飾、彫像などもインパクトがあります

が、エメラルドでできた小ぶりな仏像は必見。不思議な霊力があると信じられています。

ワット・ポーは大きくて最古の寺院で、腕枕をして横たわるお釈迦《しゃか》様の姿には、どこか悠然とした雰囲気があって心が落ち着きます。足の裏もよく見てくださいね。貝を使った螺鈿《らでん》細工が施されています。私には「指紋」みたいに見えるのですが、なんでも、宇宙観を表現しているそうです。

チャオプラヤ川を挟んだ対岸にあるのは、ワット・アルン。陶磁器の破片がびっしり埋め込まれた巨大な仏塔が見えます。この破片に明け方の太陽の光が反射してキラキラ光るから、アルン（暁）。三島由紀夫の小説『暁の寺』で知られています。

ところで、寺院に行くときには、服装に注意してください。服装検査のある寺院では、サンダル履きやショートパンツ、タンクトップなど肌の露出度が高い格好では入場できませんから。自分たちが敬う仏様のいる聖域に、土足感覚で踏み込まれたら不愉快なのは当たり前。それと、女性は絶対に僧侶の体に触れてはいけません。

地元の人に交じりながら緊張とゆるゆるの街歩き

市街を歩いていると、いたるところでバンコク名物の大渋滞に出食わします。これには誰もが驚かされるはず。とにかくみんな、信号を守りませんので。交差点を渡るときは、地元の人たちが渡り始めたら、一緒に渡ること。信号より自分の目を信じてください。

旅行者の移動手段としては「スカイトレイン」と呼ばれる高架鉄道が便利です。幹線道路の上を走っているから、見晴らしもいいし時間も読める。地下鉄も路線が増え、便利な市民の足になっています。これは日本が出資して日本の企業がつくったもの。日本はタイにとって最大の貿易額、援助額の国で、多数の日系企業も進出しています。政治や経済、文化など幅広い面で協力し合う、昔からの緊密な関係の国です。

通りのぶらり歩きに向いているのはスクンビット地区です。高級ホテルと外国人住宅と有名ブティックの街といえるでしょうか。老舗も大きなショッピングモールもあって、買い物天国的に楽しめます。メインストリートからわき道に入る路地のことを「ソイ」と呼びます。ごちゃごちゃした屋台があり、庶民の生活を覗《のぞ》いたような気分になれます。ただ、治安の良くないところもあるので、あまり奥のほうまで行かないように。ちょこちょこっと入ってはメインストリートに戻るというやり方で楽しみましょう。

楽しみ方はお好み次第

タイの夜といえば、とびきり美人ぞろいのニューハーフショーが有名です。世界トップクラスの医療技術を持つタイでは、性転換手術も多く行われています。おおらかで自由を重んじる国民性や、近隣のイスラム社会のように同性愛や女装を禁ずるということがないのも一因でしょう。また職業選択の幅も、そういったことによって狭まったりせず、一流企業で働く人も多くいます。毎年ニューハーフのナンバーワンを決める「ミス・インターナショナル・クイーン」も開かれていますし、そのあたりにも寛容な気質がうかがえるのではないでしょうか。

ティンプー

【国　名】ブータン王国
【公用語】ゾンカ語、等
【通　貨】ニュルタム

二大国に挟まれた国

二〇一一年一一月の国王夫妻の来日がきっかけで、ブータンという国が私たち日本人に、より身近に感じられるようになりました。礼服の民族衣装をまとった偉丈夫のジグミ・ケサル・ナムゲル・ワンチュク国王とジェツン・ペマ王妃が、震災後初めての国賓として来日し、被災地や東京、京都などを訪れました。その報道に際して、しばしば登場したのが、GNH（国民総幸福）という言葉でした。あまり耳慣れない言葉ですが、ブータンは以前からGNHの高さで知られていました。

ブータンは、中国とインドという大国と接しています。一三世紀にチベット仏教のドゥク・カギュ派の教えが伝えられ、以後、開祖の血統を継ぐ人が指導者的な役割を担ってきました。一九世紀末になると、内戦状態にあったなかから、東部地方の豪族ウゲン・ワンチュクが台頭。そして一九〇七年にブータン王国が成立し、初代の国王になりました。

第二次世界大戦後、ほかの小さなチベット仏教国が中国にのみ込まれるという事態にあって、国王はインドに助けを求めます。ただ、支援は望むけれど主権は守りたい、という事情から長く鎖国政策をとり、その鎖国状態は一九七一年に国連に加盟するまで続いていました。

「よき独裁」から民本位の国家へ

先代のジグミ・シンゲ・ワンチュク第四代国王が、国家の繁栄が経済成長に偏って示されることを危惧《きぐ》し、一九七〇年代に国の方針を確立させます。その核となったのがGNH。ブータンにとってはGDP（国内総生産）よりもGNHの方が重要だと考えたのです。これは、「公正で公平な社会経済の発達」「文化的、精神的な遺産の保存、促進」「環境保護」「しっかりとした統治」の四つの柱を基本にして、九つの分野に七二の指標を掲げて数値化し、政策に反映させて国民の幸福を実現していこうというもので、国家がGNH追求のために努力することは憲法にも明記されているのです。

たとえば、公的な場所では民族衣装を着ることを義務化します。男性は「ゴ」、女性は「キラ」という衣装。「ゴ」は日本のきものにも似たものですが、ひざまでたくし上げます。「キラ」は布地を縫い合わせた大きな布を巻きつけるようにして着ます。若い人は休日になるとジーンズで過ごしたりしていますが、勤務中は必ず着用します。

また、議会制民主主義を取り入れました。これは、将来、「国民にとってありがたくない」国王が出現したときに備えての危機管理の策です。その結果、国の正式名称はブータン王国で国王は国家統合の象徴としての国家元首ではあるけれども、政体は立憲君主制ということになりました。

ジグミ・シンゲ・ワンチュク第四代国王は、国王の六五歳定年制も決め、自身の年齢が定年に達していないにもかかわらず、「もう私の役割は終わった」と、二〇〇六年一二月、五一歳の若さで潔く引退。現在は国中を歩き回って、「民のかまど」(暮らしむき)の様子を見て回っているそうです。

農業を支えた日本人と援助大国インド

ブータンで唯一のパロ空港は、世界でも指折りの離着陸が難しい空港です。というのも、高い山々に囲まれたわずかな平地につくられた空港だからで、それぐらい険しい国土なのです。

首都ティンプーは三三二〇メートルの高さにあります。国土の半分は標高一〇〇〇～三〇〇〇メートル。ちなみに、国内の最高峰は七五六一メートル。富士山の二倍以上です。これほどの高地となると、収穫できる作物も雑穀類やトウモロコシなどに限られます。それを親戚や隣近所で分け合ったり、チーズをつくる農家と物々交換したりというのが普通で、いまだに行われています。なにしろ、貨幣制度が導入されたのが一九七四年のことでしたから。

こんな農業を画期的に変えたのが、西岡京治《にしおかけいじ》という日本人でした。まだ国交も樹立されていなかった一九六四年、農業指導者としてブータンへ赴きました。すると日本風の稲作技術で米の生産量が急激に上がりました。また、大根、アスパラガス、ジャガイモ、リンゴなどの換金作物も生産できるようになりました。この功績は大きく、「ダショー」という爵位が与えられ、一九九二年に五九歳で現地で亡くなったときには、外国人で初めての国葬が行われました。まさに「ブータン農業の父」西岡さんのおかげで、ブータンの人々が親日的になったと言っても過言ではありません。

農林業以外にこれといった産業もない国で、外貨を稼いでいるものといえば電力です。急峻な地形を流れ落ちる雪解け水で水力発電をして、電気をインドに売っているのです。

ブータンの財政の四割はインドや日本など海外からの援助ですが、割合はインドが突出しています。そのおかげで、医療費も教育費も無料です。インド抜きでは語れない国家財政ですが、二〇二〇年までに援助体質から脱却するというのが目標になっています。

インドとは平和条約を結んでいて、国交のない中国との国境沿いを中心にインド軍が駐留しています。互いにビザも不要だし、ブータンの国民がインドに出稼ぎに行く場合でも特に法的な規制はありません。英語教育が小学校から徹底していて、ゾンカ語を教える国語以外の授業はすべて英語。だから、インドで働いたり留学したりするのに言葉で困ることがないのです。

信仰あって日々清貧

ティンプーの街を歩いていると、よく犬に出食わします。道路の真ん中に堂々と犬が寝そべっていて、それを車がよけて通る。「野良犬でしょ」と聞くと、「いや、みんなの犬だ」と返ってきました。チベット仏教の国ですから、輪廻転生《りんねてんしょう》の考え方が徹底していて、この犬はもしかすると先祖の生まれ変わりかもしれないと考えるのですね。ハエや蚊にいたるまでむやみに殺生をしてはいけないので、観光客としては慣れるしかありません。

国王の王宮も拝見しましたが、ちょっとした山小屋といったところ。大きな建物といえば、寺院と行政機関が同居している「ゾン」とホテルぐらいでしょうか。国王を筆頭に、本当につましい暮らしをしています。ただ、仏間は驚くほど立派です。どんな家でも、いちばん広くていい部屋を仏間にしていて、生活のすべてに仏教の教えが浸透しています。

最近、電気がだいぶ普及して、テレビを買う家庭も増えてきました。ひたすらまじめな国営放送に比べて、インドの番組のほうが面白く、そこには当然、ＣＭも流れます。するとブータンの人々の物欲が刺激され、インドからさまざまなものが輸入されることになります。輸入を続けた結果、国内のインド通貨のルピーが不足して、買いたくても買えないという状態にまでなりました。普通なら騒動でも起きそうですが、ブータンの人は違います。「ないのならしかたがない」、それでおしまい。まさに仏教の教え「足るを知る」のとおりです。

あらためて幸福を問う

ブータン旅行については特殊な事情があります。旅行会社を通じて申し込むのが前提で、一日あたり二〇〇～二九〇ドルの公定料金が必要です。これには宿泊費、交通費、食事代とガイド料が含まれています。

国土を横断する幹線道路が一本あるだけで、あとはそこから枝分かれした支線だけ。鉄道はありません。移動はバスかタクシーか自分の足だけ。ちなみに、私のガイドは「車が入れる道路から歩いて二日」の場所からティンプーに来たそうで、運転手はその隣村から。どれぐらい離れた隣かというと「歩いて一日」。つまり、徒歩で何日というのが普通の距離感覚なのです。

ティンプーの中心部に「交通整理の交差点」という名所があります。交差点の真ん中に「お立ち台」のようなものがあり、そこで警官が手で交通整理をしています。まさに、読んで字のごとし。交通信号機は国内に一つもありません。ものはなくとも国民の九割以上が「幸福である」と答えるブータン。その大自然に囲まれると、「幸福とは何か」と自問せずにはいられません。

カトマンズ

【国　名】ネパール連邦民主共和国
【公用語】ネパール語
【通　貨】ルピー

聖なる山こそが〝資源〟

世界最高峰のエベレスト（八八四八メートル）。その名前は、インドがイギリスに統治されていた時代、インド測量局長官だったジョージ・エベレストに由来しています。イギリスのエドモンド・ヒラリー卿《きょう》とネパール人シェルパのテンジン・ノルゲイがエベレスト初登頂を成し遂げたのは一九五三年のこと。以来、世界中の登山家たちが挑戦し続けています。

そのネパールは二〇一五年四月、大地震に見舞われ、多数の犠牲者を出しました。インドプレートが南からユーラシアプレートにぶつかり、これによって誕生したのがエベレスト。プレートの動きによって地震が起きるという点で、日本と似ているのです。

一般的にはエベレストで通っていますが、ネパールでは「サガルマータ」、チベットでは「チョモランマ」。古代のサンスクリット語では「デヴギリ」、聖なる山という意味だそうです。

このいくつもある呼び名からわかるように、エベレストを含むヒマラヤ山脈は、ネパールと中国（チベット自治区）の国境となっている高い山々の連なり。ネパールは、北をチベット自治区、あとの三方をインドと接する内陸国です。北部がヒマラヤのふもと、中央部が丘陵で、南側が平原という地勢です。標高の高い内陸国のため、農業が主産業とはいえ、実り豊かな大地というわけにはいきません。ヒマラヤ観光による収入が大きな割合を占めています。

中国側からの登山は規制が厳しくてなかなか許可が下りないので、登山客はネパールに集中します。エベレストを例にとると、通常ルートだと一人当たり二万五〇〇〇ドル、それ以外のルートなら七万ドルの入山料が必要です。ここでいう登山とは五五〇〇メートル以上のピークを目指すこと。

それ以下の山々のトレッキングでは、国立公園入園料、トレッキング許可証の申請料金、ガイド料などの費用がかかります。本格的な登山から気軽なトレッキングまで、ヒマラヤを「資源」に外貨を稼いでいるのです。

大国に挟まれた小国

インドの領土を挟んでネパールの東側に位置するブータンも、ネパールと同様に北側を中国と接する内陸国で、両国はインドと中国の動向と無関係ではいられません。ネパールもブータンも、インドの援助に頼っています。両国民ともビザもパスポートもなしでインドとの行き来ができますし、インドで働くことも可能です。

こういう関係から、ネパールで新たに選出された首相は、まずインドに挨拶に行くのが通例でした。ところが二〇〇八年、当時のプラチャンダ首相は北京オリンピックの閉会式に出席するという口実で中国を最初の外遊先に選んだのでした。中国と国交は結んでいたけれども、まず中国へ挨拶に行ったというのは異例のこと。近年では中国語が必修の小学校が増えているようで、中国寄りの姿勢が見られます。

一九六二年に中印（中国とインド）戦争が勃発しました。中国がインドに侵攻して、インド側に領土を拡大することになった戦闘でした。両国はいまだに国境をめぐって緊張した関係が続いています。

インドと中国に挟まれたネパール。その位置から、両大国は小国といえどもネパールに無関心ではいられないのです。

王族殺害事件の謎

ネパールのルンビニはお釈迦様生誕の地。当時は北インドの文化圏に含まれていました。

一八世紀の後半、グルカ王がネパールを統一しますが、一九世紀になってからネパール・イギリス戦争（グルカ戦争）が勃発。これでネパールは敗北して、ほぼ現在の国境線になりました。

イギリスはネパールのことを「グルカ」（またはゴルカ）と呼んでいたのですが、戦争後の講和条約締結の際に、ネパール兵はイギリス軍の傭兵に志願することができるという条項がありました。それが現代まで続き、ネパールはイギリスとインドに傭兵（グルカ兵）を供給しています。

長い王制の間、大土地所有制をとっていて、大地主から土地を借りて小作農が耕すという農業を行ってきました。土地改革はなく、当然、小作農の労働意欲もわきません。

二〇世紀半ば、貧困ゆえの不満が噴出したのですが、亡命先のインドから帰国した新しい国王が立憲君主制を敷きます。けれども、国王が議会を解散させたり政治活動を禁止したりする一方で、マオイスト（ネパール共産党毛沢東主義派）など、王制を倒そうとする勢力も現れて政情は混乱します。

そんな不安定な状況が続くなかで、大事件が起こります。二〇〇一年六月、皇太子が晩餐会《ばんさんかい》の席上で、父である国王はじめ王族たちに銃を乱射して殺害した末に自殺したのです。新しい国王になったのが、亡き国王の弟であるギャネンドラ。この人物に疑惑の目が向けられました。

恒例の王族晩餐会に彼だけが欠席していた、彼の家族だけが生き残った、皇太子の自殺の仕方が不自然……、などの疑惑の数々が浮上してきて、ついには「ギャネンドラによる宮廷クーデター」説までが取りざたされました。

貧しさが少女たちから学問を奪う現実

兄である国王が民主的な姿勢で国民に人気があったのに対して、ギャネンドラ国王は民主化に反対の立場で、人気も人望もなし。立憲君主制を絶対君主制に移行させます。これにより議会とマオイストらが手を組んで、独裁と闘っていくことになります。

二〇〇八年、新たな政体を連邦民主共和国として、王制は廃止。ギャネンドラ国王は追い出されます。ただ、その後もマオイスト、ネパール国民会議派、ネパール統一共産党など各会派の対立が絶えず、二〇一四年まで暫定憲法のもとで暫定政府が国政にたずさわっている状態で、政治的混迷が続きます。国王自らが民主主義を望んで、政治の主権を議会と首相に移したブータンとの大きな違いです。

いずれにしろ、いまだに発展途上国であることには変わりありません。取材で非常に貧しい農村地帯に行ったことがあります。大地主から借金をしている小作農が、その返済のために娘を奉公に出すという悲惨な状態を取材しました。少女は学校にも通えず、親の借金のために働くしかありません。法律では未成年を奉公に出すことは禁止されていますが、実態との隔たりは大きいようです。

ある村を車で走っていると、突然、可愛《かわい》い女の子たちが道に出てきました。ニコニコしながら道の両側にロープを張り、車を止めるのです。何事かと思うと、「通りたかったらお金を払って」と。うしろには大人がいるのでしょうが、その場にいるのは少女たち。少しのお金を渡して進んでいくと、今度は村の出口あたりで、またロープを張る少女の一団に出食わします。こういうことでしか現金を得られない人々がいるわけです。

先ほど触れたグルカ兵も、いまや民間軍事会社によって世界中に派遣されているほど。農民の平均年収の三倍以上がひと月で稼げるのですから、傭兵になりたがる若者も少なからずいるはずです。

歴史文化と自然の絶景

首都カトマンズの標高は一三三〇メートル。そう聞くと、涼しい高原をイメージしがちですが、盆地なので、けっこう暑いです。外国人観光客が泊まるようなホテルは自家発電の設備もありますし、蛇口をひねれば水も出ます。でも、全体的にインフラ整備が進んでいないので、一般家庭では水も電気も不足がちなのが実情です。

観光客がまず足を向けるのは、旧市街。かつての王宮や寺院が立ち並ぶダルバール広場周辺の地域です。カトマンズの名前の由来になったカスタマンダプ（木の家）寺院は、一本の大木から建造されたという伝説があります。

広場の中央には、三重塔のあるシヴァ寺院、そして女神クマリの化身といわれる少女が住んでいる「クマリの館」があります。決められたカースト（身分階級）の家から、健康で美しく賢い少女が選ばれてこの館に住み、人々から崇拝されています。ヒンドゥー教と仏教が混在して人々の暮らしに根づいている街といえるでしょう。

タメル地区には登山者やバックパッカー、聖地巡礼の長期滞在者など外国人観光客向けのホテルやゲストハウスが多くあります。レストランも多彩で、日本の居酒屋風の店まであります。カトマンズでおいしかったのは、豆のスープ「ダル」、蒸し餃子《ギョウザ》の「モモ」と焼きそばの「チョウメン」などです。ネパールのオリジナル料理というより、地元料理にインドや中国の料理が交ざったようなものがポピュラーです。

日本でもエコツーリズムという言葉が浸透してきました。たとえば、自然のなかに身を置いて環境について考えるとか、あるいは農山漁村の風土や文化や歴史を知るために体験宿泊をするとか、それまでの観光から一歩踏み込んだ旅の楽しみ方のことです。地元の人は「何もない」と言うけれど、外から見れば、素晴らしい空や山や海や森や田畑があります。それを「資源」として活用していこうというのがエコツーリズムの発想ですが、そのスケールがいちばん大きいのがヒマラヤ観光といえるかもしれません。

ひたすら絶景を眺めて、けた違いの自然に圧倒される。経験したことのない「何か」に触れる旅になることは間違いないでしょう。

ニューデリー

【国　名】インド
【公用語】ヒンディー語、等
【通　貨】ルピー

ガンジーとスーチー

人口一三億、世界で七番目に広大な国土を持つインドが近年、目覚ましい経済発展を遂げて注目されています。二〇三〇年代には人口が中国を抜き、しかも若い世代が中心の社会になると予測されているので、まさに「これから」の国です。

一八世紀半ば、ムガル帝国を倒したイギリス東インド会社が植民地化を進めます。一八七七年、イギリスのヴィクトリア女王がインド皇帝を兼務して、インド帝国ができ上がりました。

その植民地時代、伝説的な人物が現れます。それがマハトマ・ガンジー。もとは弁護士でしたが、支配者のあまりに不合理なやり方に異を唱え、国民会議派議長となり、反英不服従運動を始めました。後世に「非暴力・不服従」として語り継がれる抵抗の方法です。

特に「塩の行進」が有名です。生きていくうえで不可欠の塩を植民地政府が専売するという方針に反対して、アラビア海目指して約四〇〇キロメートルの道を歩き始めました。自ら海水をすくって塩をつくるためです。もちろん逮捕、投獄されましたが、独立運動の大きな転機となりました。

その後、徹底的な不服従かつ非暴力という姿勢が民衆に広がっていきます。殴られても蹴られても銃を向けられても、いっさい抵抗しない。なかには死に至る場合もあります。けれども、何度でも繰り返す。こんな民衆の姿が本国のイギリスで報道されると、人々の関心を集めます。イギリスは民主主義の国ですから、素手の市民を武器や暴力で威圧する植民地政府のやり方に非難の声が上がります。おそらく欧米の白人にとっては、非暴力・不服従という概念はなかったのではないでしょうか。だからこそ、衝撃を受けたのではないかと思います。

これを現代に受け継いだのがアウンサン・スーチーです。彼女のミャンマー政府に対した姿勢こそ、非暴力・不服従そのもの。ミャンマーがビルマといわれていた時代、やはりイギリスの植民地でした。一九四八年に独立して「建国の父」と称されたのがスーチーの父、アウンサン将軍。将軍が暗殺されたあと、彼女はインド大使となった母親と共にインドで過ごします。ここでガンジーの非暴力・不服従主義を学んだといわれています。

独立運動が日本のカレーのルーツ

第二次世界大戦に敗れた日本で、戦争責任を問う極東国際軍事裁判、いわゆる東京裁判が開かれたとき、インドのラダ・ビノード・パール判事だけが被告人たちの無罪を主張しました。日本を擁護するというよりも、戦勝国に偏らない公平な見方をした結果ということですが。

大戦後にはインドから東京の上野動物園に象がプレゼントされました。日本では戦時中、空襲で動物たちが檻《おり》から逃げると大変なことになると、ことごとく殺されてしまいました。それを知った初代首相のネルーが、日本の子供たちにと送ってきてくれたのです。

インドの独立運動を支援したのが一部の日本人でした。植民地政府からの逮捕を逃れて、日本に亡命してきたインド人も少なからずいました。その中の一人、ラス・ビハリ・ボースこそが「日本のカレーの祖」といっても過言ではありません。

彼が亡命してきた一九一五年当時、日本はイギリスと日英同盟を結んでいたため国外退去を命じますが、彼を守ろうとする人々もいました。新宿のレストラン「中村屋」の創業者が彼をかくまいます。やがて、晴れて自由の身になったボースはその娘と結婚。

そして一九二七年、中村屋で「純印度式カレー」がデビューしたのです。

今でこそカレーは百種百様の味やスタイルが楽しめますが、日本人の大好きなカレーのルーツは、インドの独立運動にあったのですね。

同じ国で多言語

インドの通貨ルピーのお札に印刷されている言語は、実に一七。英語やヒンディー語以外に、地方それぞれの言語も公用語になっています。広大なインドでは、ヒンディー語がまったく通じない地域がいくらでもありますから。

太古の昔、ガンジス川流域にアーリア人が定住して、やがていくつもの王朝ができるのですが、社会の根本原理はバラモン教でした。この時代に成立した、バラモン（司祭）を頂点とする厳しい身分制度（カースト）は今日まで連綿と続いています。

そのバラモン教からヒンドゥー教と仏教が派生しました。お釈迦様もバラモン教徒でした。菩提樹《ぼだいじゅ》の木陰で悟りを開いてブッダ（悟った人という意味）となって亡くなり、その教えを弟子たちが広めていったものが仏教になったのです。

ヒンドゥー教は多神教です。最も人気のある神様がシヴァ。このシヴァ神の乗り物が牛なのです。ということで牛は神聖な生き物として扱われています。もちろん、ビーフカレーなんてありえません。街中でも牛がのんびり歩いているのをよく見ます。たちまち交通渋滞が起きるけれども、邪険に追い払うわけにはいきません。

多数の文化遺産は歴史そのもの

首都ニューデリーは、デリーと称されることもあります。ムガル帝国の時代の首都デリーからほんの少し離れた場所に、イギリスがニューデリーとして新しい都市をつくりました。だから、デリーの中に「オールド」と「ニュー」があるといったほうがわかりやすいかもしれません。

オールドデリーはムガル帝国時代の面影が色濃く残る街。世界遺産のラール・キラー（赤い城）が有名です。「レッド・フォート」とも呼ばれる、赤砂岩でできた要塞。インド軍が兵舎などに使っていますが、一部は公開されています。

ニューデリーはイギリス人がデザインした街で、円形の広場から放射状に延びる道路といった具合に整然としています。広場を巡るようにして店やレストランが立ち並ぶ、コロニアル様式のコンノート・プレイスが、ちょっとおしゃれな雰囲気です。

南側のインド門は第一次世界大戦の戦死者を慰霊するためのもので、パリの凱旋門《がいせんもん》に似ています。この門から南へと広がる地域はサウスデリーとも呼ばれ、こちら側にも世界遺産が点在しています。ヒンドゥー教寺院を壊した石で築いたクトゥブ・ミナール。イスラムとペルシャの様式が合体した、ムガル建築ともいうべきフマユーン廟がそうですね。

ゼロの発見とITの発展

日本でもインド式の九九が話題になったことがありました。さすが、0（ゼロ）という概念を発見した国、数学が得意です。インド工科大学は各地にキャンパスがあります。競争率が高くて勉強もハードですから、エリート学生ぞろい。しかも英語が話せます。

このことには大きなメリットが二つあります。一つは、アメリカのIT大企業がわざわざリクルートにやってくること。企業側としては優秀な人材が確保でき、学生としては就職できれば高給が得られます。

アメリカの企業のインドに対する信頼は、コンピュータの「二〇〇〇年問題」が決定的でした。この問題をクリアするため、インドにソフトウェアの書き換えを注文したのです。これがきっかけで、急激にインドのIT産業が発展しました。さらに、アメリカとインドの時差も功を奏します。アメリカで退社時刻にインドに新しいソフトの発注をします。インドは朝なので一日かけて仕上げ、夜アメリカに送る。するとアメリカでは出勤したときには完成したソフトを受け取ることができるのです。確実さ、スピード、英語でのやりとり。ここがインドの強みです。

もう一つはインド人学生にとってのメリットですが、カーストに縛られないということ。四つの身分階級に分けられたカーストは世襲制なので、そこからは逃げ出せません。いまのインドでは一応身分による差別は禁止されていますが、宗教の自由もあるわけで、その宗教のなかの制度としてあるカーストを否定しきれないのです。

　こうした厳しい現実のなかで、ＩＴ関連への就職は救いになります。はっきりとした能力主義ですから。勉強に励んで実力をつければ、先祖代々受け継いでいる仕事から解放されるチャンスが得られるのです。

神々の土地

　古代からあるインド哲学の思想や宗教観に惹《ひ》かれてインドを訪ねるバックパッカーは現代でも少なくないはずです。短い旅行で理解のできることではないけれど、ただ、人々の生活と宗教は切り離せないというのは明らか。寺院で祈る姿、道端の神像にお供え物をする姿など、いたるところで目にします。なにしろヒンドゥーでは、宇宙の創造と維持、そして破壊する神を筆頭に三億以上ともいわれる神々が存在するのですから。州の境を越えると、まったく異なる民族と言語と宗教があるといわれる大地。それは一つの国家というよりも「大陸」とさえいわれます。

　インドへ行ったことのある人の感想は大きく二分されるそうです。インドにはまるか、二度と行きたくないと思うか。そんな「インド伝説」も、現地へ行かないことには始まりません。自分で見て、聞いて、考える。これを実行するには、まさしくインドがぴったりかもしれません。

chapter 2

中東

MIDDLE EAST

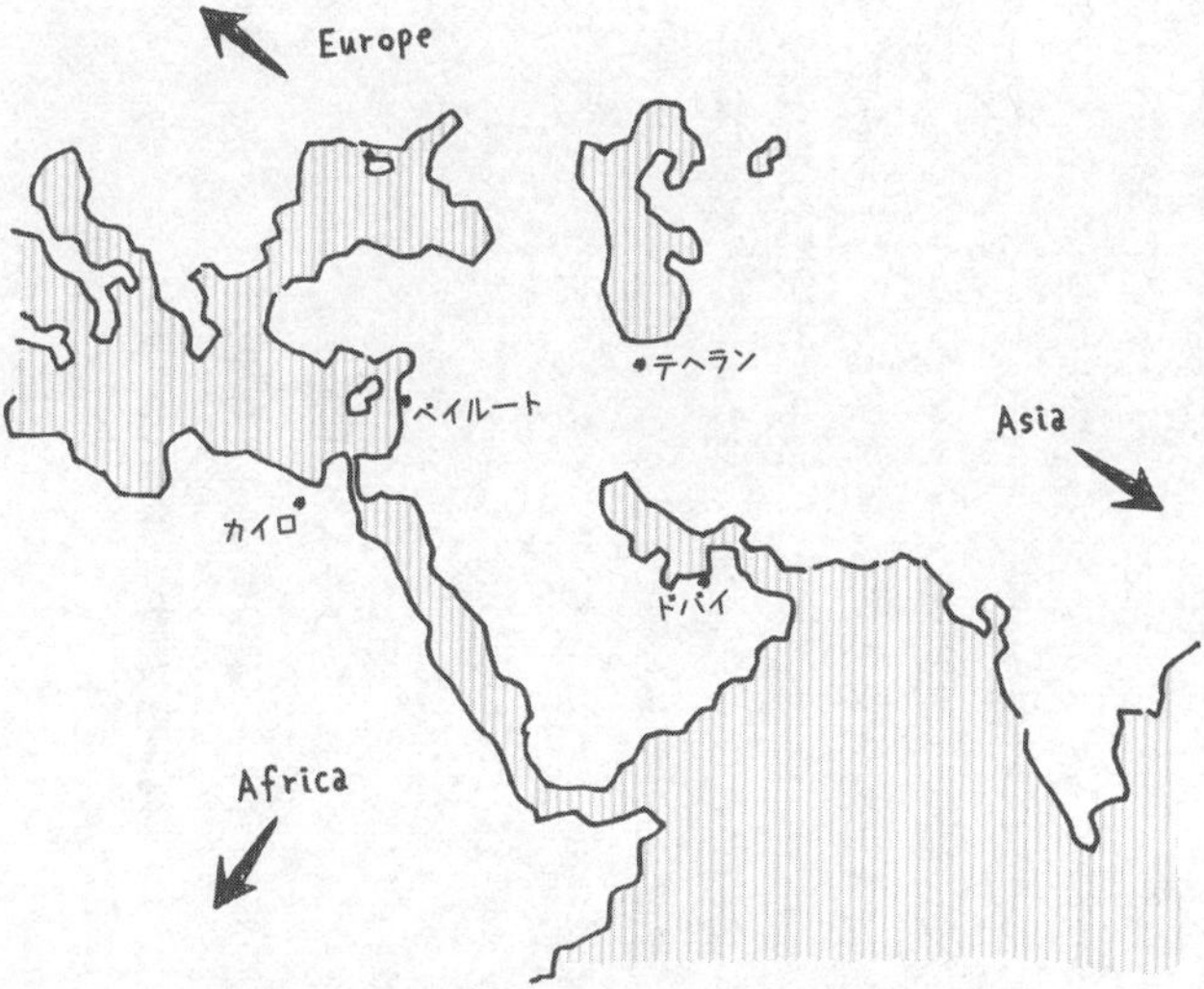

ドバイ

【国　名】アラブ首長国連邦
【公用語】アラビア語
【通　貨】ディルハム

真珠採りから未来予想図へ

ドバイといえば、超高層ビル、自称〝七ツ星〟ホテル、ショッピングモール、無人運転鉄道、屋内スキー場、建設中のテーマパークなど、「世界一」の規模を誇る建造物が目白押し。この人工の極致といった街を、私は何度か訪ねました。ポツポツとビルが建ち始めたころから発展を見てきているので、隔世の感があります。

そもそもは「真珠採り」から始まった土地でした。ドバイのあるアラブ首長国連邦（UAE）は、ペルシャ湾に面した砂漠の国。カタールやバーレーンと同様に、港と運河があり、天然の真珠を採る漁業が盛んでした。バーレーンには「真珠広場」と呼ばれる大きな広場もありました。二〇一〇年から一〇一二年にかけての「アラブの春」と呼ばれた一連の民主化運動の際、民衆が集結する場所になったため、当局がつぶしてしまいましたが。

その真珠採りが振るわなくなったのは、一九世紀末に日本の御木本幸吉《みきもとこうきち》が真珠の養殖に成功したからです。ミキモトの製品が世界を席巻してからというもの、どうやって街を発展させていくかがＵＡＥの課題になりました。

歴史を振り返れば、一九世紀半ばにイギリスがここを「保護国」とした眼目は、東インド会社に行くまでの中継基地にすることでした。その結果、周辺地域の商業の拠点として自由貿易が行われてきたのです。

その基本的な姿勢は、一九七一年に独立してからも受け継がれました。当時の首長は石油に依存するだけでは発展はないと考え、税金をかけない経済特区を開発したり大きな港湾施設を建設したり、航空会社をつくったりするなどの政策を行いました。人と物を交流かつ集積することで経済発展を図る、この壮大な青写真が現実のものになった典型がいまのドバイなのです。

王様は絶対権力者

アラブ首長国連邦は七つの首長国が集まってできた国家。首長というのはいわゆる「王様」で、議会もなく、したがって選挙もありません。世襲の絶対君主制で、王が統治しています。最大の面積と最大の石油産出量のあるアブダビの首長がＵＡＥ大統領、二番目がドバイなので首相兼副大統領というわけ。あとの五つの国は石油などの資源に恵まれていないので、この二つの国に支えられている状態です。

「持てる国」と「持たざる国」の差は大きく、たとえば、ドバイはエミレーツ航空、アブダビはエティハド航空を持っています。エミレーツは「首長国」、エティハドは「連邦」という意味。これにカタール航空を加えた三社は、最新機材を導入し、サービス面でも激しく競争して利用客を増やしています。

一方、ドバイの東側にあるシャルジャ首長国はかなり貧しいままです。ドバイに比べると、宗教的な戒律が厳しく、女性たちはベールで顔を隠さなければなりません。ただ戒律が厳格なだけ新しいものが入りにくく、古い街並みが残っています。歴史的な建物が博物館や美術館になっていて、アラビアらしい雰囲気があります。土地が安いため、シャルジャに住んでドバイに通勤する人たちもかなり多いようです。

人工ワールド

二〇〇八年のリーマンショックに端を発した世界的な経済低迷は、ここドバイにも波及してきました。ドバイ・ショックと呼ばれた時期には、建設資金の目途が立たなくなり、建設途中で作業を中断したビルがあちこちにありました。その完成前のビルの窓に、数字が書かれていました。その正体は不動産会社の電話番号。入居者募集の必死のアピールでした。

その危機を救ったのがアブダビでした。一例を挙げると「ブルジュ・ドバイ」という一六〇階建ての世界一の高層ビルがやはり建設中断を余儀なくされていたのですが、アブダビの援助でなんとか完成。その結果、「ブルジュ・ドバイ」という完成前の名前が「ブルジュ・ハリファ」に変わりました。ハリファというのはアブダビの首長の名前なのです。

帆を立てたヨットのようなホテル、「バージ・アル・アラブ」を眺めつつ海沿いの通りをアブダビ方面に進んでいくと、海中に人工島が出現します。パーム・ジュメイラという椰子の木の形をしたリゾート型高級住宅地です。椰子の幹から出た枝にあたる部分に家が並び、すべてが海に面した設計になっていて、どの家もクルーザーが係留できるようになっています。

その突端、海に浮かんでいるように見えるホテルは、海底トンネルと新交通システムで結ばれています。これは、日本の技術で運行している無人の鉄道。なにもかもが巨大で最新で、圧倒されんばかり。人工の都市というものはどこか味気なさを覚えるものですが、ここまで徹底すると、その感覚さえなくしてしまうようです。

スークで金

魅力的なのはオールド・ドバイ地区のスーク（市場）です。ラクダのキャラバン（隊商）が通行していた昔から交易場として賑わってきたスークは、大きく分けて三つあります。「オールド・スーク」は木造のアーケードの両側に小さな商店が密集しています。サンダル、バッグ、パシュミナ（ストール）、布地、民族衣装などがショッピングモールよりも安く手に入れることができます。「スパイス・スーク」は色とにおいでエキゾチックなムードを盛り上げてくれます。日本人に人気があるのは、質の良いサフランだそうです。

そして興味深いのが「ゴールド・スーク」。ここは金を売る市場。まばゆいばかりの24金だらけで、日暮れ時に行くと、うす暗さのなかできらびやかさが倍増します。金細工の装飾品もデザインは二の次で、とにかく重さが命。なんといっても結局は量り売りですから。金を売っているところなど、そうそう目にできませんよね。

中東の人々は、もともとは移動する民族であり、さらに戦争や内乱も多く経験し、着の身着のままで逃げるという目にも遭ってきているので、いつでもどこでも売ることのできる金に価値を求めるのは当然なのかもしれません。

出稼ぎ労働者に支えられた街

金を扱っている商人のほとんどはインド人です。イギリスが統治していた時代に連れてこられた人たちの末裔《まつえい》です。

ドバイの住人の九〇パーセントは外国人。つまりほとんどが労働ビザはあるけれど、国籍は与えられていない人たちです。タクシーの運転手はパキスタン人、レストランの料理人はスリランカ人、ビルの建設現場で働いているのはインド人、というふうに、職業で出身国が分かれています。これは、初期の労働者が後に仲間を呼び寄せたからで、そんな人々がスーク近くのアパートの一室に何人もで一緒に住んでいます。彼らは労働ビザが切れた瞬間から不法滞在になってしまうので、すぐに出国しないと捕まってしまいます。

UAEの国籍を持っている人は何をしているのかといえば、大半が国家公務員のようなもの。冷房の利いたオフィスで仕事をこなし、午後にはさっさと帰宅して家族サービス、といった優雅な暮らしぶりです。

出稼ぎの人々の労働力頼みでここまで発展したにもかかわらず、彼らはあくまでも労働力でしかないという割り切り方には驚くしかありません。

テヘラン

【国　名】イラン・イスラム共和国
【公用語】ペルシャ語、トルコ語、クルド語、等
【通　貨】リアル

核問題終結？

テヘランはイラン・イスラム共和国の首都で、イラン高原の北西部、標高一二〇〇メートルの高地にあります。中東というと砂漠のイメージがありますが、イランの北西部は緑豊かな土地で、標高が高いので、冬は寒く雪の日もめずらしくありません。イスラム教のなかでも戒律の厳しいシーア派が国の多数を占め、街のあちこちには、イラン・イラク戦争で亡くなった英雄の肖像画が描かれるなど、独特の雰囲気を醸し出しています。

女性たちはイスラムの教えにもとづいて、体の線を隠す黒いチャドルをまとい、髪をスカーフで隠さなければならないのですが、若い女性たちは、体のラインがくっきりと出る服装で、髪も申し訳程度に隠すだけ。テヘラン大学周辺の大学街では、お洒落《しやれ》な女

性たちの姿を見かけます。

二〇一五年七月一四日、欧米など六カ国とイランの間で「イラン核問題」に関する協議が行われ、最終合意に達しました。イランの核開発疑惑が発覚して一三年。何度も行われてきた対話がようやく合意に至り、関係改善が始まりました。

イランの核開発が発覚したのは二〇〇二年。それまでの一八年間にわたって、IAEA（国際原子力機関）に申告することなく、核研究とウランの濃縮を行っていたのです。イランは、核開発は平和利用を目的としたものであり、IAEAにも協力すると主張してきましたが、IAEAの査察を拒んだり、また、新たな濃縮施設の建設が明らかになったりして、進展は見られませんでした。

この合意で、イランはウラン濃縮のための遠心分離器を三分の一に減らし、今後一〇年以上は、すぐには核兵器をつくることができないように核開発を制限するなど、欧米六カ国の要求を受け入れました。それにともない、原油の輸入を禁止したり、金融取引を制限したりしている、イランに対する経済制裁が二〇一六年の一月から解除されました。これから観光客も激増することでしょう。

近代化のより戻し

イラン・イスラム共和国が現在の体制になったのは、一九七九年のイラン・イスラム革命からで、それ以前はパフラヴィー朝と呼ばれる、皇帝の治める国でした。最後の皇帝、モハンマド・レザー・シャー・パフラヴィー（日本ではパーレビ国王と呼ばれた）は、石油資源とアメリカの支援を背景に、急速な近代化を進め、「白色革命」を宣言してイスラム教色を排除していきます。

これに抵抗したのがイスラム法学者であったルーホッラー・ホメイニ師で、反体制運動を指導して政府批判を行ったため、追放されます。しかし急進的な近代化は国民の経済格差を生み、オイルショック後には原油価格も不安定になって、国民の不満が高まりました。デモやストライキが繰り返され、反政府運動はさらに激化します。

一九七九年一月、もはや収拾がつかなくなったと判断したパフラヴィー国王は、自ら専用機を操縦してエジプトに亡命したのでした。そして二月、ホメイニ師が亡命先のフランスから一五年ぶりに帰国し、イスラム革命評議会を組織します。さらに四月、「イラン・イスラム共和国」の樹立を宣言して最高指導者となったのでした。

イラ・イラ戦争

イランとアメリカの敵対関係が決定的になったのは、一九七九年にテヘランで起こったアメリカ大使館人質事件でした。イラン革命で海外に亡命したパフラヴィー元国王は、カイロからモロッコ、バハマなどを転々としていましたが、自身の政権時代に後ろ盾となっていたアメリカへの亡命を希望します。イランとの関係を悪化させたくないアメリカは受け入れを拒もうとしましたが、最終的には「癌《がん》の治療のため」という人道的立場を名目に、元国王を入国させます。これを知ったイランの学生たちが、元国王のイランへの送還を要求して、アメリカ大使館を襲撃。大使館員やその家族など五二人を人質にしたのでした。

アメリカはただちにイランとの国交を断絶し、経済制裁を行います。その一方で、事件の解決に向けて、元国王をパナマに出国させるなどしましたが、事態は硬直し、一九八〇年七月に元国王がカイロで死亡したのちの一九八一年一月になって、ようやく人質は解放されたのでした。

その人質事件のさなか、一九八〇年九月にイラン・イラク戦争が勃発します。これは両国の国境を流れるアルヴァンド川の領有権をめぐる衝突で、この川はどちらの国にとっても石油を輸出するためには欠かせないものでした。

イラク軍がイランの空軍基地を急襲したことから戦争に突入しましたが、イランと敵対するアメリカとヨーロッパやソ連などは、イランの孤立化をねらってイラクのサダム・フセイン政権を支援します。開戦から八年後の停戦合意に至るまで激しい戦闘が続き、両国で一〇〇万人もの犠牲者を出すことになりました。長期間にわたる戦争を、日本では「イラ・イラ戦争」と呼びました。

日本への出稼ぎ

イラン・イラク戦争では、多くの若者が兵士となって戦いました。その復員後の雇用を国内でまかなうことは難しく、国は海外への出稼ぎ労働を奨励します。その出稼ぎ先で特に人気があったのが日本でした。イランと日本は石油の輸入などで経済交流も盛んで、日本への観光ならビザを免除するという協定を当時は結んでいました。このためイランの若者たちは、日本に観光目的といって入国。そのまま不法滞在して働いたのです。なかには偽造テレホンカードを売るグループまで生まれました。当時の日本はバブル経済に沸き、建設現場の労働者としてイラン青年が求められました。需要と供給が一致したのでした。

バザールかスークか

テヘランでもっとも大きな広場が、ペルシャ語で「自由の広場」という意味のアーザーディー広場です。革命記念日には、市民の大規模な行進がこの広場を目指し、ここで大統領の演説などが行われます。その中央にそびえるのがアーザーディー・タワー。一九七一年に、ペルシャ建国二五〇〇年を記念して建てられました。イマーム・ホメイニー国際空港からテヘラン市内に入るとき、まず目にする高さ五〇メートルの塔です。

ゴレスターン宮殿のすぐ南にあるテヘランのバザールは、中東でも最大規模の市場で、まるで巨大迷路。食品から衣料品、もちろんペルシャ絨毯《じゅうたん》にいたるまで、ありとあらゆる店が軒をならべています。店の数は三〇〇〇以上といわれ、とにかく人でごったがえしています。入った場所に戻りたかったら、ひたすらまっすぐに行ってUターンしてください。

市場のことを、ペルシャ圏ではバザールと呼びますが、アラブ圏ではスークといいます。中東地域では、市場のことを何と呼ぶかで、その地域がどちらの文化圏に属するかがわかるのです。

ベイルート

【国　名】レバノン共和国
【公用語】アラビア語
【通　貨】レバノン・ポンド

宗教のモザイク国家

地中海からの風を受けながらそぞろ歩くと、肌も露《あらわ》な女性たちが行きかう街。それがベイルートです。そのベイルートがあるのが地中海の東に位置するレバノン共和国。南はイスラエルと接し、北から東にかけてはシリアに囲まれた、南北に長い国です。首都ベイルートは中東の交通の要所で、第二次世界大戦後は金融や商業の発展にともなってリゾートホテルが立ち並び、「中東のパリ」と呼ばれるほど、華やかな街でした。しかし一九七五年から一五年間も続いた内戦で街は瓦礫《がれき》と化したのでした。

そしていま、ベイルートには海外資本も入って経済も活性化し、再びリゾート開発が進められています。ブランドショップが充実。カフェも点在して、とても中東のイメージにはそぐわない街です。

そもそもレバノンは「宗教のモザイク国家」といわれるほどに多くの宗教やその宗派が混在し、国が認めているだけでも、一八の宗派があります。国民の六割近くがイスラム教徒ですが、シーア派とスンニ派は数が拮抗《きっこう》しています。そして四割近くはキリスト教徒。中東では、キリスト教徒のもっとも多い国なのです。ただし、キリスト教でもマロン派。よそにはあまりいない宗派です。

レバノンとは「白い山脈」を意味します。雪をいただく高い山脈が広がり、抑圧を逃れたさまざまな宗教少数派が、この山を越えて逃げてきたのです。

こうした背景から、大統領はキリスト教マロン派、首相はスンニ派、国会議長はシーア派から選出されるという不文律があります。政治体制に宗教が介入しかねないため、危ういバランスで国家が成り立っているのです。

その分、ベイルートの街では、十字架の教会とモスクが立ち並ぶという不思議な光景を見ることができます。

中東戦争が内戦のきっかけに

第一次世界大戦後、旧シリア（現在のシリアとレバノン）はフランスの支配下にありました。この旧シリアの一部でキリスト教マロン派を中心とする地域が独立の動きを見せると、フランスはマロン派と他の宗教が対立して独立運動の妨げになるように、周辺のイスラム教徒が住む地域を含めて「レバノン」の国境線を引きました。

第二次世界大戦後、レバノンは独立し、金融や観光で栄えます。しかし、シリアにとっては「元は自国の一部」であり、この独立を認めません。レバノンの内戦時には一万四〇〇〇人もの軍を駐留させ、実質的な支配をしていました。

内戦のきっかけは、中東戦争によるパレスチナ難民の流入でした。ユダヤ人国家のイスラエルと周辺アラブ国家の対立で一九四八年に始まった中東戦争は多くの難民を生み、レバノンにも多数の難民が入って各地に難民キャンプができました。一九七〇年にはPLO（パレスチナ解放機構）の主力部隊もイスラエルから逃れ、レバノン南部からイスラエルを攻撃するようになります。

レバノンにイスラム教徒であるパレスチナ人が増えたことで、政治の均衡は崩れ、ついにキリスト教徒とイスラム教徒との内戦状態になってしまったのです。

この内戦に乗じてイスラエルはレバノン南部に侵攻し、PLOの一掃を図ります。イスラエルの攻撃で大打撃を受けたPLOは、北アフリカのチュニジアに逃げ出します。そしてレバノン南部に残ったのは、多数の戦争被害者。そこに誕生したのが、反イスラエルを掲げて組織された、イスラム教シーア派のヒズボラでした。ヒズボラとは「神の党」という意味です。ヒズボラは、同じシーア派のイランとレバノンに影響力を示したいシリアからの支援を受けて勢力を拡大し、その力にレバノンは手出しができないほどになりました。

イスラエルに対して攻撃を繰り返すヒズボラ掃討のため、二〇〇六年、イスラエルは再びレバノンに侵攻しますが、激しい抵抗にあって撤退を余儀なくされ、かえってヒズボラを勢いづかせました。一方シリアでは、二〇一一年の「アラブの春」をきっかけに反政府デモが激化し、その反政府勢力に過激派武装勢力も加わって内戦状態が続いています。その戦火を逃れ、難民となってレバノンに入ってきた人の数は、一五〇万人とも言われています。

世界四大料理

世界三大料理とされるフレンチ、中華、トルコ料理にレバノン料理を加えて「世界四大料理」と称されることもあるほど、レバノンは食大国です。山脈と地中海に面した土地は肥沃で、農作物も豊富です。また地中海諸国と中東の中継地という位置から、料理のバラエティにも富んでいます。アラブ世界の人たちにとって、レバノン料理は洗練されたイメージがあり、多くのアラブ料理は、レバノン料理の影響を受けています。

レバノンの国旗の中央にはレバノン杉が描かれています。かつてこの地域にはレバノン杉の森が広がっていましたが、フェニキア人が切り倒し、貿易船を建造。地中海世界へと貿易に乗り出しました。このため、レバノン杉がすっかり姿を消してしまったのです。そこでレバノン政府は、レバノン杉の保護や植林に乗り出していますが、レバノン杉を見るには、山岳地帯に行かなければなりません。

海岸から眺める地中海の夕日

ベイルート中心部、ハムラから一〜二キロメートルのところに、コルニーシュと呼ばれる地中海沿いの数キロにわたる遊歩道があります。朝夕は散策する市民や観光客で賑わいます。ここから眺める、地中海に沈む夕日は絶景。コルニーシュをさらに南下すると、ベイルートのシンボルともいえる「鳩《はと》の岩」が現れます。海岸から数十メートルのところにある二つの巨大な岩で、大きいほうは高さが二二メートルあり、夜はライトアップされます。

レバノンには古代の遺跡が数多く存在し、ベイルートのダウンタウンにもローマの浴場跡が残されています。郊外のビブロス遺跡はフェニキア人によって栄えた街で、ティルス（スール）遺跡などと同様にユネスコの世界遺産にもなっています。時間があれば、ぜひ足をのばしてみてください。

カイロ

【国　名】エジプト・アラブ共和国
【公用語】アラビア語
【通　貨】エジプト・ポンド、ピアストル

アフリカと中東を結ぶ国

ピラミッドにスフィンクス。これがカイロのイメージでしょうか。カイロを首都とするエジプト・アラブ共和国は、東は紅海、北は地中海に面したアフリカ大陸北東部に位置しています。国のほとんどが砂漠地帯で、国の中央を流れるナイル川の流域に都市を築き、古代から文明を栄えさせてきました。

国土の一部はスエズ運河をはさんでシナイ半島まで延びていて、イスラエルと国境を接しています。つまり、アフリカ大陸と中東を結ぶ国です。国際情勢のニュースでは「中東」と呼ばれますが、地理的にはアフリカにあるのです。そのことが文化にも政治にも大きな影響をあたえています。

度重なる中東戦争

一九四八年にイスラエルが独立を宣言し、アラブ諸国の中央にユダヤ人国家が誕生します。そもそも国連が提案していた、パレスチナにおけるアラブ人とユダヤ人の分割統治に反対だったアラブ諸国は、この独立に反発。アラブ連合軍を編成して、イスラエル建国宣言の翌日、イスラエルに攻め込みます。

これが第一次中東戦争です。連合軍に加わったのは、エジプト、シリア、ヨルダン、レバノン、イラクの五カ国でしたが、イスラエルと国境を接しているエジプト以外の三カ国は建国して間もなく、エジプトが中心となって戦うしかありませんでした。

一方のイスラエル軍は、数でこそ劣りましたが、第二次世界大戦で戦った経験豊富なヨーロッパの兵士を集め、優位に立ちます。結局はイスラエル軍の圧勝で、イスラエルが得た地域は、国連分割決議で割り当てられた地域を上回りました。

第一次中東戦争で敗北したエジプトは、軍部のクーデターによって王制から共和制に移行し、大統領になったナセルはスエズ運河を国有化します。当時、スエズ運河の株を握り、管理下に置いていたイギリスとフランスは、この国有化に反発し、イスラエルに働きかけてスエズに侵攻します。これが第二次中東戦争で、アメリカとソ連の強い反対によって、イスラエル、イギリス、フランスの三国は軍を撤退させます。

第三次中東戦争は一九六七年、エジプトとシリアが軍事的圧力を強めたことによって起きますが、イスラエルの先制攻撃で、六日で終結します。これにより、シナイ半島のエジプト領ほぼ全域をイスラエルに奪われました。

一九七三年一〇月に始まった第四次中東戦争では、失地回復を狙ったエジプトとシリアによる奇襲攻撃で、不意をつかれたイスラエルは苦戦を強いられます。さらに、ソ連がエジプトとシリアに供与した対戦車ミサイルや対空ミサイルが威力を発揮し、エジプトは初めてイスラエルを追いつめたのでした。

ナセル大統領の後を継いだサダト大統領は、第四次中東戦争の停戦後、ソ連寄りだった旧政権の方針を大幅に転換させ、アメリカに急接近します。一九七七年にはエルサレムを訪問して和平交渉を開始し、一九七九年、アメリカの仲介で、エジプトはアラブ諸国のなかで初めてイスラエルとの平和条約に調印したのでした。

民主化から再び軍政権へ

二〇一〇年、北アフリカのチュニジアで起こった反政府デモは、北アフリカから中東にまで広がり、「アラブの春」と呼ばれる巨大民主化運動へと広がっていきました。

そのアラブの春は、長期政権が続いていたエジプトにもおよび、二〇一一年一月には、ムバラク大統領は辞任に追い込まれました。

二〇一二年五～六月、エジプトにおける初の民主的な選挙が行われ、イスラム組織「ムスリム同胞団」が支持するムルスィーが大統領に就任します。しかし、ムルスィー政権下で経済状況は低迷したままで失業率も改善されません。さらにイスラム色の強い新憲法の草案が採択されたことから、反ムルスィーのデモや抗議活動が相次ぎ、混乱が続きました。そしてムルスィー政権一周年を機に大規模デモが発生し、それに呼応するように軍が介入。大統領を解任させて暫定政権を発足させます。

混乱のなか、二〇一四年に大統領選挙が行われ、当選したのはエルシーシ前国防相で、再び軍に寄った政権がエジプトに誕生しました。

二〇一五年八月、エジプト政府が進めていたスエズ運河の拡張と複線化の工事が完了し、東部のイスマイリアで竣工式典が行われました。スエズ運河の全長は一九三キロメートルで、そのうちの七二キロが今回の工事区間。その半分を拡幅し、残りの半分はあらたにバイパス運河を掘り、「通過待ち」の時間を減らして、運河の通過時間を大幅に短縮できるというものです。

二〇一一年の政変後、主要産業であった観光業が冷え込んで、経済は低迷状態ですが、エルシーシ大統領は「新運河」を国家の威信をかけたプロジェクトと位置づけ、三年の予定をほぼ一年で完成させました。

ただし、この大事業によってスエズ運河の通航量がエジプトの目論《もくろ》みどおりに増えるかどうかは不透明で、注目度が増せば、ＩＳ（過激派組織「イスラム国」）の標的になることも懸念されています。

政治的主張の中心

カイロ市はナイル川の東岸と中州を含めた地域で、ナイル西岸はギザ市にあたります。そのカイロ市の中心といえるのが新市街のタハリール広場。「タハリール」とは解放という意味で、一九一九年のエジプト革命以来、この名前で呼ばれるようになりました。二〇一一年の反政府行動もこの広場が中心となり、連日何万人もの市民が集まって、その様子は世界中に報道されました。いまもここには、さまざまな政治的主張を持った人たちが集まります。

そのタハリール広場の北にあるのがエジプト考古学博物館、通称カイロ博物館で、カイロを訪れる観光客が、必ずといっていいほど立ち寄る場所です。ツタンカーメン王の黄金のマスクはあまりにも有名で、およそ二〇万点ともいわれる古代エジプトの至宝が収蔵されています。しかし、このエジプト考古学博物館は老朽化が進み、改築も困難なことから、現在ギザに建築中の大エジプト博物館に収蔵品の半分ほどを引き継ぐことになっています。新博物館の建設や引っ越しにかかる費用は、日本が援助しています。

スフィンクスの視線の先には？

新市街の東に広がる旧市街には、世界最古の大学といわれるアル＝アズハル大学があり、モカッタムの丘には、アイユーブ朝の創始者サラーフ・アッディーン（サラディン）が、対十字軍の拠点として築いた城塞、シタデルがあります。シタデルは、アブディーン宮殿が建設される一九世紀半ばまで、およそ七〇〇年間、カイロの政治の中心でした。

観光の目玉は、やはりギザのピラミッド群とスフィンクスでしょう。カイロからはバスで二〇分ほどのところで、地下鉄とバスを使っても行くことができます。三大ピラミッドのなかで最も大きいのがクフ王のピラミッド。こちらは内部の見学ができますが、午前と午後、それぞれ一五〇人限定となっていますので、ピラミッドエリアの入場券以外に、クフ王ピラミッドの入場券も買う必要があります。

写真や映像で何度見ていても、実際にこのピラミッド群の前に立つと、その大きさには圧倒されます。スフィンクスの視線の先にあるのはケンタッキーフライドチキンの店。日本のテレビ局の番組で紹介されてから日本の若者たちの人気となり、この店での買い物のレシートを日本の友人への土産にした人もいるほどです。

3 chapter

ヨーロッパ・北アフリカ

EUROPE & NORTHERN AFRICA

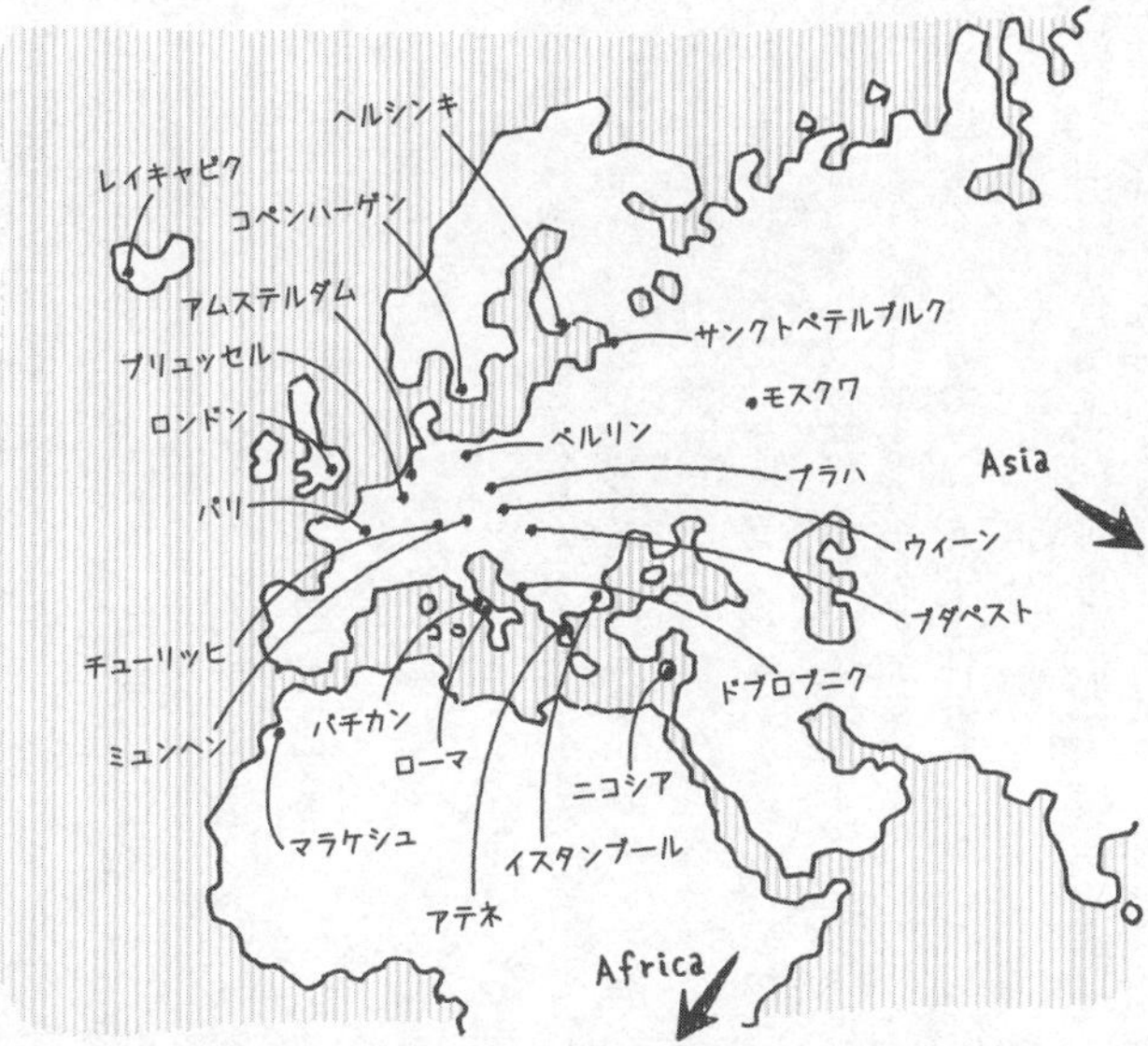

モスクワ

【国　名】ロシア連邦
【公用語】ロシア語
【通　貨】ルーブル

プーチンの「アメとムチ」

二〇一五年五月九日、モスクワで対ドイツ戦勝七〇周年式典が行われました。赤の広場では、ソビエト崩壊後最大規模といわれる軍事パレードが行われ、「強いロシア」を印象づけようとするプーチン大統領の思惑が反映された式典でした。

式典には、世界六〇カ国に招待状を送ったといわれていますが、出席したのは二〇カ国。プーチン大統領の脇を固めるように隣に立っていたのが、中国の習近平国家主席でした。欠席したのはEU（欧州連合）を中心とするヨーロッパ各国の首脳で、ウクライナにおける親ロシア派を支援し、強引ともいえるやり方でクリミアを併合したロシアの行動に、反対する意思を表明しました。

おなじく二〇一五年、ギリシャのIMF（国際通貨基金）に対する債務不履行が問題になり、「ギリシャのEU脱退」の可能性が浮上したときに、「ギリシャに手を差し伸べる用意がある」と表明したのもロシアと中国でした。

国内での高い支持を背景に、国際社会でも「アメとムチ」を巧みに使い分けて、その影響力の及ぶ範囲を広げようとするプーチン大統領の言動に、世界が注目しています。

ロマノフ王朝からの激動の歴史

ロシアでは、ロマノフ王朝が一六一三年から三〇〇年もの間、一大帝国を築いていました。皇帝が強い権力を持ち、大貴族と農奴制による封建的な支配が続きました。これが革命によって崩壊したのは、第一次世界大戦中のこと。

新たにロシア社会民主労働党ボルシェビキ（後のロシア共産党）が政権を樹立、そのリーダーとなったウラジーミル・レーニンが、一九二二年、ソビエト社会主義共和国連邦（ソ連）を建国しました。

一九三〇年代、資本主義国は世界恐慌で苦境にあえいでいましたが、その影響を受けなかったソ連は、レーニンのあとを継いだスターリンが重工業政策を推し進め、経済成長をしていきます。一方で、国民を弾圧したり、政治的に粛清したりといった強硬な独裁的手法は、恐怖による支配ともなりました。

第二次世界大戦後は、周辺の東欧諸国を衛星国として、ソ連と同じ社会主義体制を強要していきます。これで、アメリカや西欧諸国と対立することになりました。いわゆる「東西冷戦」の時代です。両者の間には、武器による戦闘こそないものの、目には見えない「鉄のカーテン」が下ろされたのです。

このカーテンを開いたのが、ミハイル・ゴルバチョフ大統領です。民主化を進めて、自由主義諸国との平和共存路線を歩み始めました。しかし、彼の改革に危機感を持った保守派が一九九一年にクーデターを起こし、ゴルバチョフ大統領は軟禁されます。結局、クーデターは失敗するのですが、これを契機に連邦に所属していた共和国が次々と離れていきました。

一九九一年、ゴルバチョフが大統領を辞任すると、ソ連は崩壊して、そのうちの大部分はロシア連邦となります。初代大統領はボリス・エリツィン。市場経済を導入したなかで「オリガルヒ」と呼ばれる新興財閥が生まれる一方、経済は混乱、低迷をしていました。

元はKGB

こうした状況下で台頭してきたのが、ウラジーミル・プーチンでした。エリツィン時代にはFSB（ロシア連邦保安庁）長官や首相を務めていましたが、二〇〇〇年に大統領になりました。

ロシアの新興財閥であるオリガルヒの解体、石油や天然ガス会社の国有化、報道管制、テロに対する報復としてチェチェンを制圧するなど、次から次へと強権を発動していきます。これが何をもたらしたかといえば、経済の回復とプーチン人気です。

湾岸戦争やイラク戦争で高騰した石油と天然ガスのおかげで、外貨が稼げるようになりました。プーチンのおかげで経済力がよみがえったと信じる素朴な人たちの間で、人気が絶大なものになっていきました。

ロシアの天然ガスは長いパイプでヨーロッパ各国へと供給されています。売手市場の強みを最大限に生かして、値上げをちらつかせます。特に、旧ソ連圏にあった東ヨーロッパの国々に対しては、値上げを認めなければパイプを閉めると脅すわけです。こんなプーチン大統領のやり方に拍手を送る国民が少なくないというのは、「懐かしいあのころ」つまり、強い国家の再現を歓迎しているようにも見えます。

ところで、二〇一三年、世界を騒がせた出来事がありました。アメリカの元ＣＩＡ（中央情報局）職員エドワード・スノーデンによる機密漏えい事件です。アメリカのＮＳＡ（国家安全保障局）の盗聴の実態や手口を内部告発したのでした。

アメリカの司法当局から逮捕状の出ているスノーデンは、現在もロシアの首都モスクワに住んでいます。正しくいえば、ロシア移民局から一年間の滞在を認められました。二〇一四年には、さらに三年間の滞在延長が認められています。

「移住」ではなく「滞在」という点が微妙ですね。普通なら、ロシア側が事情聴取するはずなのに、それもしない。アメリカとあからさまに敵対する気はないという表明なのでしょうが、プーチン大統領がスノーデンのようなスパイの「裏切り者」を許さないことも影響していると思われます。

なぜなら、自分も元は同業だったから。KGB（国家保安委員会。FSBの前身）職員として、ドイツが統一されるまで東ドイツで諜報活動をしていました。スパイなら秘密は墓場まで持っていくのが当たり前。そんな信条があるからこそ、国家機密を告発するような人間は大嫌いなのでしょう。

一四歳のときに、当時住んでいたレニングラード（現サンクトペテルブルク）のKGB支部を訪ねて、どうすればKGBに就職できるのか相談したというくらいですから、筋金入りです。そのときの職員のアドバイスどおりに大学まで過ごし、やがてKGBのほうからリクルートされるというプロセスを経て、あこがれの就職をしたのです。仕事に対するプライドも中途半端なものではなかったに違いありません。

地上の世界遺産と地下の秘密基地

ロシアの激動の歴史に触れるためには、クレムリンと赤の広場ははずせません。モスクワの中心をなすクレムリンとは城塞、要塞のこと。城壁に囲まれた内部には、大帝国だった時代から現在にいたるまでの建物が詰まっています。皇帝たちの宮殿、ロシア総主教の大聖堂をはじめとするいくつかの教会、そして大統領官邸と大統領府。つまり、ロシアの権力の中枢を物語る一画なのです。

タマネギ形の丸屋根が独特のロシア正教を代表するウスペンスキー大聖堂は、皇帝が戴冠式を行った教会。堂内につるされたシャンデリアは、ナポレオンの軍隊が盗んだ金と銀を奪回してつくられたと伝えられています。かつての武器庫は博物館となり、数々の美術工芸品や王冠、ドレス、世界一大きいといわれるダイヤモンドなどが展示されています。

クレムリンの前にある赤の広場では、ソ連時代、メーデーと革命記念日に大規模なパレードが行われました。「赤」というと社会主義に起因するものと思われがちですが、実は関係はありません。古代スラブ語の「美しい」という意味から、本来は「美しい広場」というのが正解だったようです。

赤の広場のシンボル的存在は、レーニン廟。ロシア革命の指導者であるウラジーミル・レーニンの遺体が往時のままに安置されています。柩《ひつぎ》の中で眠っているかのようなレーニンを見ることができますが、撮影は禁止です。

私がおすすめしたいのは「冷戦博物館」。地下鉄のタガンスカヤ駅にほど近い、ごく普通の住宅のような建物ですが、中に入ると頑丈な扉があります。そこから地下深くに下りていくエレベーターと階段があり、最下部まで行くと、地下通路が現れます。このあたりで地下六〇～六五メートルくらい。

ここは、核シェルターでした。東西冷戦の緊張にあった時代、西側からの核攻撃を想定して造られた秘密軍事基地で、ミサイル発射の指令が出される拠点でした。二〇〇〇～三〇〇〇人が三カ月ぐらい、ここで過ごせる備蓄があったという規模で、スターリンの指示で建設されました。

通信室やドキュメンタリー映像、プロパガンダポスターなど当時の「遺物」も見られますが、ちょっと面白いのは、案内するガイド。ソ連時代の軍隊の制服を着て、いかにも軍人っぽい口調で案内を始めるので、ほとんど軍事パフォーマンスという感じです。冷戦のテーマパークですね。

プーチンの世界への影響力

さて、プーチンが大統領を務めるのは、これで三期目です。二〇〇〇年からの八年の間（一期、二期）、「強いリーダー」のイメージができ上がり、「強いロシア」を再建すべく中央政府の権限を強化してきました。二〇〇八年からの四年間は、メドヴェージェフを大統領に指名して、自らは首相となりました。大統領の連続三選が憲法で禁止されていたからです。そして二〇〇八年、大統領の任期を四年から六年へと憲法を改正したうえで、二〇一二年に大統領として復帰したのです。

強いリーダーが意のままに強い国づくりをしているかのように見えますが、実は、難題が山積みです。なかでも経済問題と周辺諸国との関係は頭の痛いところでしょう。

右肩上がりだった天然ガスの価格が下がってきました。アメリカでシェールガスが産出されるようになったため、ヨーロッパ諸国が「パイプを閉められる」不安のあるロシアから買おうとしなくなったからです。石油の価格も下がっています。

そこで、力を入れ始めているのが極東開発。サハリンの天然ガスのパイプを日本につなげれば、今度は日本がお得意さんになるはず。というわけで日本との関係を見直そうとしています。二〇一六年には日本との間で経済協力を進めることで合意しました。

二〇一三年、南部のボルゴグラードで、爆弾テロ事件が続きました。このあたりは北カフカース（コーカサス）と呼ばれ、イスラム武装勢力が潜んでいるといわれている地域。凄惨な戦場となり、現在ではイスラム過激派の拠点があるチェチェン共和国も、この地域にあります。ロシアは常にテロの脅威を意識せざるをえない状態なのです。

ニコシア

【国　名】キプロス共和国
【公用語】現代ギリシャ語、トルコ語
【通　貨】ユーロ

南北に分断された島

キプロスは地中海の東、トルコやシリアに近い位置に浮かぶ島。この地理的な要因から、東地中海を行き来する諸民族の中継地となってきました。古代のオリエント諸国、エジプトの王朝、ペルシャ帝国、ローマ帝国などの支配下にありましたが、交易の中継港という役割は同じ。東西文化の十字路となってきたのです。

この地に劇的な異変が起きたのは一二世紀のこと。十字軍の遠征で訪れたイングランド王リチャード一世が「キプロス王国」を築いて、キリスト教徒が支配することになったからです。十字軍というのは、聖地エルサレムをイスラム教徒から奪回するという名目で組織されたカトリック教徒の軍隊。一一世紀から一三世紀まで、たびたび、東方のイスラム諸国へと遠征しました。

一六世紀にはオスマン帝国がキプロスを奪いますが、一九世紀にはイギリスが統治することに。そして第二次世界大戦後は、ギリシャ併合派とトルコ併合派による反イギリスの気運が高まり、一九六〇年に独立を果たしました。

しかし、またまた大きな出来事が起こります。一九七四年の「キプロス紛争」です。イギリス連邦に加盟したことに反発するギリシャ併合派がクーデターを起こし、それをギリシャが支援。すると、トルコ系住民を保護するという名目で、トルコ軍が介入。トルコ軍は北キプロスを占領します。ギリシャ系住民はトルコ軍が支配していなかった地域（南側）へと逃げ出し、島の南北が分断されたのです。

現在、ギリシャ系の「キプロス共和国」は国際的に承認されたキプロス国家の代表となっていて、二〇〇四年にＥＵ（欧州連合）に加盟。二〇〇八年から通貨もユーロになりました。反対に、トルコ系の「北キプロス・トルコ共和国」を国家として認めているのはトルコだけです。

ギリシャ危機と金融大国の宿命

さて、キプロスは、人口が九〇万人にも満たない小さな島。もともと交易の中継地点としての役割がメインであって、輸出で国を支えるような産業はありません。天然資源も乏しく、食料自給率も低いこの国は、観光業に頼ってきました。

しかし観光は安定した産業とはいえません。他国の景気に影響されやすく、とくに西ヨーロッパからの観光客の多いキプロスは、西ヨーロッパの政治や経済に左右されます。

そこで新たな産業として手をつけたのが金融でした。法人税率を低くし、預金金利を高くするなどして「タックスヘイブン」（租税回避地）となり、海外企業の資産を集めたのです。その結果、なんと世界第四位の金融資産国となりました。

ところが、二〇一〇年のギリシャ危機が、この「金融大国」を揺さぶります。ギリシャ国債を大量に持つキプロスの銀行が、ギリシャの財政危機という大波をもろにかぶり、経営が危うくなってしまったのです。

さらに、問題は複雑です。「マネーロンダリング」（資金洗浄）にも悪用されていたので、ロシアから巨額の資金が流れ込んでいたのでした。キプロスの預金の三割以上はロシアマネーといわれているほど。この二〇一〇年のギリシャ危機に際して、ロシアは資金援助に乗り出しました。この背景には、ロシアマネーを守るだけでなく、「政情不安定なシリア以外に、地中海にロシアの海軍基地を」という考えもあったようです。

しかしキプロスの銀行の経営状態はなかなか回復できません。二〇一三年、EUは最大一〇〇億ユーロ（一兆三〇〇〇億円）の資金援助を約束します。その条件は、七〇〇〇億円を自助調達することで、それを得るためにすべての預金に課税するという提案をしました。この「預金課税」を政府が発表したことで、パニックは広がります。銀行は休業しましたが、ATMには預金者が殺到。たちまちのうちにお金が底を突く事態になりました。最終的には「預金課税」を議会が拒否したため、すべての預金に課税することは諦め、一〇万ユーロを超える預金者からのみ一定の税を徴収して、二大銀行は一つの銀行に整理されました。さらに国内銀行からの預金の流出を防ぐためにユーロ圏初の「資本規制」を行うことになりました。

日帰りの国境越え？

キプロス島は「北キプロス・トルコ共和国」と「キプロス共和国」に分断されていますが、その境界線が緩衝地帯のグリーンライン。緩衝地帯には国連のPKO部隊が駐留し、南側はキプロス共和国の警察が監視しています。南のキプロスとしては、北を国と認めていないので、グリーンラインは国境ではないのです。ですから、国内の治安を守るのは警察の仕事というわけです。

このグリーンラインは、首都のニコシアも分断しています。つまりニコシアは、世界で唯一の、南北に分けられた首都なのです。旧市街は円形の城壁に囲まれた街ですが、その中央を横切るようにグリーンラインが走っています。城壁の外に検問所があり、ここを通って北に行くことも可能です。

検問所の南側では簡単に通過できますが、北側ではパスポートにスタンプを押してもらわないようにしましょう。そうでないと、その後、南に戻れなくなるからです。別紙にスタンプを押してもらって「北キプロス・トルコ共和国」に入ることになります。そこは「国」ではありませんが、明らかに南とちがった雰囲気があります。流通する通貨もユーロではなくトルコリラ。看板もトルコ語が目につきます。

帰りもパスポートにスタンプを押してもらわないように注意してください。南側はスタンプを認めず、不法入国になってしまうからです。一方は世界から国と承認され、もう一方は承認されていないため、単なる南北分断とは違う、複雑な様相を呈しているのです。

歴史と文化に彩られた魅惑の島の光と影

地中海のほかの島々と同じように、キプロスも風光明媚《ふうこうめいび》な遺跡の島です。青い海、降り注ぐ陽光、家々の白い壁と、地中海のイメージどおりの風景。海沿いのリゾートからオリンポス山でのスキーまで、いろんな楽しみ方ができます。

なかでも魅力的なのは遺跡巡り。「ヴィーナス（アフロディーテ）生誕の地」ですから。海の泡から生まれたヴィーナス、その泡を生んだ波が寄せては返すのがペトラ・トゥ・ロミウ海岸です。海の色が素晴らしく澄んでいる場所があって、そこからヴィーナスが誕生したそうです。

街全体が世界遺産というパフォスのモザイク画も有名です。古代の館の床に描かれた人物像など、まだ輪郭も色彩も鮮やかで、見ごたえがありますよ。

「聖パウロの柱」というのも歴史的記念物です。使徒パウロはキリスト亡きあとに信仰の道に入りましたが、伝道に励んで初期のキリスト教発展に大いに貢献した人物。彼が伝道旅行でやってきたとき、ローマ帝国のキプロス総督に捕らえられ、鞭打《むちう》ちの刑を受けたと伝えられています。そのパウロが縛られた柱とされるものが残っています。

お土産品で人気があるのがローズウォーター。その名のとおり、バラの花びらを蒸留したものです。日本では化粧水として使われますが、こちらでは料理用がポピュラー。キプロスの家庭では必ず冷蔵庫にボトルが入っているそうです。

ギリシャとトルコの南北分断の話に戻りますが、タクシーに乗ったときのこと。運転手が「中国人か?」と聞くので、日本人だと答えると、「同じようなもんだろ」という返事。「それは、ギリシャ人とトルコ人は同じようなものと言ってるのと同じことですよ」と答えたら、運転手がぽつりと「なんだ、仲が悪いのか」、と。

同じコーヒーなのに、ギリシャ人はギリシャコーヒーと呼び、トルコ人はトルココーヒーと呼ぶ。かつては共存できていたはずなのに、こんな小さな島が分断されている状態は、まさに生きた歴史でしょう。

サンクトペテルブルク

【国　名】ロシア連邦
【公用語】ロシア語
【通　貨】ルーブル

ヨーロッパへの窓口

サンクトペテルブルクはモスクワに次ぐロシア第二の都市で、「北のベニス」とも呼ばれる運河の多い美しい街です。フィンランド湾のもっとも奥まった場所に位置し、バルト海への出口として貿易でも栄えました。そして何といっても、現代ロシアを牽引する大統領、ウラジーミル・プーチンを生んだ土地でもあるのです。

一七〇〇年に始まった大北方戦争で、スウェーデンからこの土地を奪ったロシアのピョートル大帝は、自分の名前の由来であるキリスト教の聖人「聖ペテロ」にちなんでサンクトペテルブルクと名付け、都市の造営を命じました。「ペテロ」のロシア語読みが「ピョートル」なのです。サンクトペテルブルクは「聖ペテロの街」という意味です。英語では「セイントピータースバーグ」と発音します。

当時、内政重視であったロシアの目を国外に向けさせたのがピョートル大帝で、このヨーロッパへの窓口となる土地にヨーロッパらしい都市を建設し、外交と貿易を発展させようとしました。新しい都市サンクトペテルブルクができて一〇年後、ロシアの首都もここに移されたのでした。

その後は二〇〇年にわたってロシア帝国の首都として、政治、経済、そして文化の中心的役割を果たします。第一次世界大戦でドイツと戦うことになったロシアは、〇〇ブルクというドイツ風の名前を変え、ロシア語で「ピョートルの街」という意味のペトログラードにしました。

革命の街

一九一七年、ロシア革命の発端となる二月革命が起こったのが、このペトログラードでした。第一次世界大戦で国内は苦しい生活を強いられ、国民の不満がデモの形で表れます。主婦を中心とした食料配給の改善を求めるデモは、たちまち労働者にも広がり、数万人にもなります。これに対して警官隊が発砲。死傷者が出たことからさらに混乱し、部隊を離れて市民側につく兵士も続出しました。ついにニコライ二世は退位せざるをえなくなり、ここに帝政ロシアは幕を下ろします。

首都ペトログラードには臨時政府が設立され、同時に「ソビエト」が結成されました。

「ソビエト」とは評議会という意味。議会のようなものです。やがて、ソビエトの副議長で臨時政府に入閣したケレンスキーが実権を握ると、戦争終結を望む国内の空気を無視して、大戦の続行を指示します。しかし、ドイツとオーストリア・ハンガリーへの攻撃は失敗に終わり、兵士や労働者の不満は臨時政府に向けられました。ペトログラードでは、反乱兵士と労働者の蜂起《ほうき》に対し、軍が鎮圧に乗りだして市街戦に及びます。

ここで立ち上がったのが、レーニン率いるボルシェビキというグループです。ソビエト内部の少数派でしたが、自らを多数派（ボルシェビキ）と名乗って、勢力を拡大したのです。

同年一〇月、ボルシェビキは武装蜂起。ペトログラードの発電所、印刷所や郵便局などを制圧し、臨時政府の中心部である冬宮殿に突入します。これが一〇月革命です。ケレンスキーは逃亡して臨時政府は倒され、ボルシェビキ中心のソビエトが首都ペトログラードを支配することになったのです。

こうして新たなロシア政府が誕生しました。ソビエトへの移行はモスクワをはじめ、各地で起こりますが、反対する地域もあり、抵抗勢力との争いで内戦状態が一九二二年まで続きます。

このような状態のなか、ペトログラードは国境に近く、海外からの干渉を受けやすいと判断され、一九一八年、首都はモスクワに移されました。一九二四年にソ連の指導者レーニンが死去すると、この革命が始まった都市は、その名を冠してレニングラード（レーニンの街）と改名されたのでした。

プーチンの故郷

ソ連時代もモスクワに次ぐ第二番目の都市として繁栄しますが、第二次世界大戦ではドイツ軍とフィンランド軍の猛攻を受け、九〇〇日にもわたって完全包囲されます。物資の途絶えたレニングラードでは餓死者が相次ぎ、ソ連政府の発表では六七万人という犠牲者を出すことになりました。プーチンの兄も、この包囲のなかで、幼いうちに病気でなくなっています。少年プーチンは、他国に侵略されることの恐ろしさを身近に感じながら成長します。現在のプーチンの精神構造に、この悲劇がインプットされているのです。

ソ連では、レニングラード以外にも、革命の功労者や政治家の名前にちなんで街の名前をいくつも変えましたが、ソ連が崩壊すると、ほぼ一斉に旧名に戻されました。レニングラードも一九九一年の住民投票によって、サンクトペテルブルクに戻ることになったのです。ソ連崩壊後、それまで東ドイツでスパイ活動に従事していたプーチンは生まれ故郷に戻り、サンクトペテルブルクの副市長を務めることで、大統領への階段を登り始めます。

二〇〇八年、首都モスクワから憲法裁判所がサンクトペテルブルクに移転しました。以前から首都の負担を軽減させるため、機能の一部を他の都市に移すという計画はありましたが、その最初のケースとなりました。もちろんこれには、サンクトペテルブルクの税収を増やし、そのステータスを上げたいという、プーチン大統領の意向が働いているものと思われます。

猫が守るエルミタージュ美術館

エルミタージュ美術館は、ロマノフ朝の女帝であったエカテリーナ二世の絵画コレクションがはじまりで、その所蔵品は三〇〇万点を超え、世界三大美術館の一つとされています。本館となっている冬宮と小エルミタージュ、旧エルミタージュ、新エルミタージュ、エルミタージュ劇場の五つの建物で構成され、すべてを観るには何年もかかるといわれています。

ところで、エルミタージュ美術館には数多くの猫がいるのをご存じですか。実は開館以来、絵をかじる恐れのあるネズミ退治のためにずっと飼われ続けていて、「絵画警護官」として館内をパトロールしているのです。

エルミタージュ美術館から南西に歩いたところにあり、黄金のドームが目印なのが聖イサアク大聖堂です。ロシア正教会の大聖堂で、一八五八年に四〇年の歳月をかけて完成しました。ソ連時代は宗教が弾圧され、大聖堂としてではなく博物館として利用されました。第二次世界大戦中にレニングラードが包囲されたときには、高さ一〇一・五メートルの黄金のドームが敵の標的になるというので、ドームを灰色に塗ったそうです。

イスタンブール

【国　名】トルコ共和国
【公用語】トルコ語
【通　貨】トルコ・リラ

ボスポラス海峡を四分で

アジアとヨーロッパをつなぐ街。それがイスタンブールです。イスタンブールが最大の都市であるトルコは黒海の南側にあり、西をブルガリアとギリシャ、南はシリアとイラク、そして東はイラン、アルメニア、ジョージアなどと接した、ヨーロッパとアジアをつなぐ位置にあります。こうした位置関係により、古くから交易を盛んにして栄えてきました。

そのなかでも、アジアとヨーロッパの接点といえるのが、トルコの北西にあるイスタンブールです。黒海とマルマラ海を結ぶボスポラス海峡をまたぐ形にできた都市で、東側がアジア（アナトリア半島）、西側がヨーロッパ（トラキア地方）になっています。

古くは東ローマ帝国時代の首都、コンスタンティノープルとして繁栄してきましたが、一五世紀半ばにオスマン帝国に征服され、その後イスタンブールという都市名に変わりました。

このイスタンブールを東西に分けるボスポラス海峡には第一ボスポラス大橋とファーティフ・スルタン・メフメト橋の二本の橋が架かり、往来の要として役割を果たしてきましたが、慢性的な渋滞もあり、長く海底トンネルの建設が望まれていました。そして二〇一三年、ついにトルコ国民の念願であった海底鉄道トンネル「マルマライ」が開通しました。

「マルマライ」とは、「マルマラ海」と「ライ=鉄道」の造語で、このプロジェクトを担当したのは日本の建設会社。渋滞時にはボスポラス海峡を渡るのに一時間はみなくてはならなかったところを、この鉄道トンネルによって四分で横断できるようになり、市民だけでなく観光客にも大いに便利な足となりました。いまのところは五つの駅の区間だけ運行していますが、将来は他の路線とも接続し、長距離鉄道機関を目指しています。

東ローマ帝国からオスマン帝国へ

東ローマ帝国の時代はキリスト教がこの土地を支配しますが、オスマン帝国に代わったのち、イスラム教が勢力を広めます。しかしオスマン帝国はイスラム教信者が中心であったものの、多民族、多宗教の国家であったため、他の宗教も容認されました。その結果、この土地の宗教はゆるやかに移行し、キリスト教の教会は破壊されずにイスラム教のモスクに姿を変えていったのでした。

その代表的な建物が、イスタンブール歴史地区にあるアヤソフィアです。六世紀に建てられた、当時としては世界最大のキリスト教の大聖堂ですが、一五世紀にモスクに変身したのです。ビザンチン建築の最高作といわれ、内部にはキリスト教聖堂であったころのモザイク画が残っています。現在は博物館として保存され、世界中から多くの人が訪れています。

同じイスタンブール歴史地区にあるのが、オスマン帝国時代の一五世紀に王の住居として建てられたトプカプ宮殿。ここの至宝館にはまばゆいばかりの財宝が収められ、オスマン帝国の栄華がしのばれます。もう一つ、見逃せないのがスルタンアフメト・モスク。一七世紀初頭に建てられたモスクで、ドームの内側はステンドグラスや何万枚もの青いタイルで飾られていることから「ブルーモスク」と呼ばれています。

世界三大料理

トルコ料理は、フランス料理や中華料理と並んで「世界三大料理」の一つに挙げられています。食通の王侯貴族が多種多様の食材と料理法を集めて料理人を競わせた結果、珠玉の宮廷料理ができ上がったという文化が背景にあり、ここがアジアとヨーロッパの融合点であることを考えればうなずけます。

そんなトルコ料理の食材なら、旧市街側のエミノニュ地区にあるエジプシャン・バザール。一六六〇年ごろに建てられた食材市場で、二本の通りには店舗がぎっしり並び、香辛料やナッツ、ドライフルーツ、はちみつなど、トルコ料理に欠かせない食材が売られています。

そしてイスタンブールでバザールといえば、グランドバザールでしょう。こちらもオスマン帝国時代にできた歴史的建造物で、トルコ語では「カパル・チャルシュ」といい、屋内市場を意味します。二二カ所の出入り口があり、通りの数は六〇以上、店舗数は三六〇〇を超えるといわれています。貴金属、織物、絵画や部屋の装飾品、日用雑貨など、ありとあらゆる物が売られていて、トルコらしいお土産を探すにも最適の場所かもしれません。

歩き疲れたら、ぜひカフェに立ち寄り、トルココーヒーにトライしてみてください。コーヒー豆を直接煮出して、その上澄《うわず》みを飲みます。油断して勢いよく飲むと、コーヒー豆まで口に入ってしまいます。飲み終わった後、カップの底に残った豆殻の形で占いをするそうです。

ドンドルマも有名ですね。日本でも「トルコアイス」と呼ばれてポピュラーになってきた、のびるアイスクリーム。トルコの人たちは水と一緒に食べるそうです。植物の根を乾燥させて粉状にしたものが含まれているのですが、粘度が高いので、ノドを詰まらせないようにするためだそうです。

世俗主義

イスラム教の国にしては戒律が厳しく見えないトルコ。お酒も飲みますし、ラマダン（断食月）も厳格ではなく、女性も公の場ではスカーフをかぶるのを禁止されているぐらいです。このことは、トルコの建国と大きく関わっています。

第一次世界大戦に敗れたオスマン帝国は、広大な領土を割譲され、現在のトルコは一時的にイギリス軍に占領されることになりました。それに対して、ムスタファ・ケマル将軍率いる国民軍が立ち上がり、イギリス軍を追い出します。こうして一九二三年、トルコ共和国が建国されました。

初代大統領となったムスタファ・ケマルは「トルコ人の父」「建国の父」という意を込めて、アタテュルク（トルコの父）と呼ばれています。彼は、それまでアラビア文字を使っていたトルコ語の表記をアルファベットに切り替えました。また、西洋型の近代化を目指して政教分離を打ち出すという大胆な政策に乗り出しました。イスラム教国としては画期的なことで、「世俗主義」と呼ばれています。宗教的な区別や差別を排して民主主義を促す考えで、これにより、トルコのイスラム教徒は、イスラム教徒らしく見えないのです。

イスラム教徒であるエルドアン大統領が首相の時代、夫人が、公の場においてスカーフで髪をかくしたことから大論争になったことがありました。

その首相夫人のスカーフに関して、「伝統に反する」と異議を唱えたのは、実は軍部でした。トルコ軍は、政教分離の「世俗主義」という国是を重視し、アタテュルクの政策を守る姿勢をつらぬいています。

イスラム色が政治に濃く反映しそうになると軍が口を出す。そんな軍を煙たく思う政治家も出てきます。エルドアン大統領は首相時代、政局に不都合だと思われる軍の幹部を、クーデターの計画をしていたという理由で次々と逮捕しました。その後、大統領に就任。二〇一六年には軍の一部によるクーデター未遂事件が起きましたが、エルドアン大統領はこれを制圧。翌二〇一七年四月、大統領に絶大な権力を認める憲法改正法案も承認され、独裁化が急激に進んでいます。

親日トルコ

日本とトルコ、両国にはこんな歴史があります。一つは明治時代の出来事。日本の皇族がオスマン帝国（トルコの前身）皇帝を訪問した答礼に、使節団が日本にやってきます。その帰路に、使節団の乗った軍艦エルトゥールル号が和歌山県の沖で台風の直撃を受けて沈没。五〇〇人以上の死者、行方不明者が出た大惨事でしたが、近くにいた日本の漁師や村人が救出にあたって六九人のトルコ人の命を救ったのです。一八九〇年九月のことでした。

もう一つは、日露戦争でアジアの小国日本が大国ロシアに勝ったこと。トルコにとってもロシアは脅威であり、小国日本の勝利によってロシアの脅威が大いに軽減したと感じたようです。

エルトゥールル号事件から一〇〇年近くもたった一九八五年のこと。イラン・イラク戦争真っただなか、テヘランに取り残された日本人二一五人を、すんでのところで救出してくれたのがトルコ航空機。日本が感謝すると、トルコ側は「エルトゥールル号のお礼です」と答えました。恩義を大切にする国民性を再認識させられた出来事でした。日本人が歩いていると親しく声をかけられることが珍しくないのは、こういった歴史が語り継がれているせいかもしれません。

ヘルシンキ

【国　名】フィンランド共和国
【公用語】フィンランド語、スウェーデン語
【通　貨】ユーロ

ファンタジーと原発

「森と湖の国」というのがフィンランドのポピュラーな形容詞です。たしかに、オーロラを見ることができて、サンタクロースの村があって、妖精「ムーミン」の故郷で、と、ファンタジックな土地が想像されます。

でもそれだけではありません。さまざまな調査が、「優れた国」であることをリポートしています。たとえば、二〇一三年の「報道の自由度」「母親にやさしい国」では第一位、「優れた教育制度」や「男女平等の国」でもトップクラスに位置しています。

そしていま、フィンランドは非常に現実的な問題で世界中から注目されています。人類初の大事業――使用済み核燃料の最終処分場を建設中なのです。フィンランド語で「洞窟」を意味する「オンカロ」がそれ。

四二〇メートルもの地下深くに多数の横穴を設け、ここに高レベル放射性廃棄物、つまり原発から出たゴミを埋めるという計画です。過去一〇億年以上、火山活動や地震が起きていないとされる固くて安定した地盤の中に埋めて、なんと一〇万年かけて放射能の影響を弱めていこうというのです。この様子は『一〇〇、〇〇〇年後の安全』というドキュメンタリー映画にもなっています。

深い森林と氷河に削られてできた無数の湖からなる国土で、人口の大半は南部に集中しています。長く厳しい冬と短い夏、必ずしも恵まれた環境とはいえません。人口五四三万人余りといえば、北海道と同じぐらいでしょう。いわゆる「大国」ではありません。それがどうして経済発展と民度の高さを実現することができたのか、さらに、どうやって最終処分場建設を決意するに至ったのか、とても興味深いものがあります。

「勤勉は不運を負かす」

フィンランドではフィンランド語とスウェーデン語が公用語になっていますが、そこには長い被支配という歴史がありました。

一二世紀半ば、スウェーデンがこの地を征服してから六五〇年もの間、フィンランドはこの北欧の強国に支配されてきたのです。一九世紀初頭、帝政ロシアとの戦いでスウェーデンが撤退すると、今度はロシアに占領されます。ロシア皇帝を君主とする自治公国として併合されました。

　しかし、やがて自治権を取り上げてロシア化政策を強行しようとする動きに対して、フィンランド人は民族的な自覚を強め、独立を目指そうとします。そして一九一七年、ロシア革命により帝政ロシアが崩壊すると、フィンランドは悲願の独立を果たしました。

　独立はしたものの、苦難の道は続きます。第二次世界大戦が始まると、ロシア革命後の新国家ソビエト社会主義共和国連邦（ソ連）が土地の割譲を要求してきたため、断ったフィンランドとの間で戦争が起こります。一九四一年、ナチス・ドイツの対ソ戦争に巻き込まれるようにして、フィンランドはドイツに協力することになります。

　しかし、フィンランドは、ソ連に奪われた国境地帯の領土を取り戻すと、ナチス・ドイツとともにソ連に侵攻するという行動には出ませんでした。頑として拒絶したのです。

　第二次世界大戦が終わったとき、フィンランドは敗戦国として、ソ連に対して三億ドルの賠償金を課せられました。当時、「過酷」といわれた金額でしたが、支払い期限の半分ほどの六年間で完済したのです。それこそ、国を挙げて死にもの狂いで働いた結果でした。

　資本主義経済圏に身を置きながらも、ソ連を刺激せずに、中立策をとり、民主主義を守り抜いてきたのです。ですから、一九五二年にヘルシンキオリンピックを開催したときには、国民の感慨もひとしおだったはず。フィンランドのことわざ「勤勉は不運を負かす」どおりでした。

教育が国の礎

「よき納税者は国を救う」という言葉があります。

スウェーデンとロシア、二つの北の大国に挟まれて国が存続できるかどうかという危機感が常にあった状況でフィンランドが選んだ道は、国の礎は教育であるということでした。

ソ連が崩壊してロシアになった時期、フィンランドの国家財政は危機に瀕しました。ソ連向けの輸出によって得る外貨の割合が高かったので、その影響をまともに受けて経済状態は悪化し、失業率も高くなりました。

失業保険の手当の額が増え、ますます財政が逼迫《ひっぱく》するなか、フィンランドが力を注いだのが教育でした。国の安定した財政を支えるのは税金です。その税金を得るためには、会社や個人の安定した収入が必要です。そのためには基盤のしっかりした産業が必要で、それをつくるのは優秀な人材。だから、教育に力を入れなければならない、ということになるのです。

遠回りのようですが、結果的には急がば回れ。目先にとらわれていては、目標の実現はさらに遠くなっていきます。

フィンランドの憲法には、「すべての国民は無償の教育を受ける権利を持ち、国や行政は国民に対して、義務教育だけでなく、能力に応じた教育を受けられる機会を保障する」と記されています。つまり、すべての国民の義務教育はもちろんのこと、専門学校や大学、さらには大学院まで、国が費用を負担すると言っているのです。

考える力こそが人間力

OECD(経済協力開発機構)が三年ごとにPISA(学習到達度調査)という国際学力調査を行っています。フィンランドはつねにトップクラスで、その教育方針が世界の注目を集めています。

そのなかでとくに特徴的なのが、子供たちに考えさせること。知識の量を増やすことより考える力をつけることに重点が置かれています。どんな教科でもつねに考える習慣をつけさせ、答えを出すことよりなぜ答えが出るのかをじっくり考えさせます。そして競わせるのではなく、共同で目標にたどりつけるよう指導しているのです。その結果、コミュニケーション能力は向上して批判的思考も備わり、問題解決のための能力もあがってきます。

一方で指導する先生のほうはというと、日本と違って雑務は一切なく、授業と子供たちに専心できるシステムになっています。ただしスキルアップは必要で、さまざまな研修に参加し、新しい技術や語学力を身につけています。

そこに地域の図書館司書やカウンセラーなどが加わり、さらに親たちも手伝いながら子供たちの成長をサポートしているのです。

洗練のデザインセンス

北欧といえばデザイン性の高さに定評があります。ヘルシンキもICSID（国際インダストリアルデザイン団体協議会）によって、二〇一二～一四年の世界デザイン首都に選ばれました。

二〇〇六年に公開された『かもめ食堂』という日本映画があります。ヘルシンキの街が舞台で、映画のなかにはメイド・イン・フィンランドの品々があふれていました。イッタラのグラスやカップ、ダンスクのほうろう鍋、アラビアの皿などなど。日本でも優れたデザインのフィンランド製品が人気になりました。

街を歩いていると、ほかのヨーロッパの国々の街並みとはちょっと違うなと感じるかもしれません。

実は、一八〇八年に大火が起き、大部分の建物はそのあとに建てられたものなのです。代表的なものはヘルシンキ大聖堂、ヘルシンキ中央駅、ウスペンスキー大聖堂、アテネウム美術館といったところ。帝政ロシア風、スウェーデン風もあれば、フィンランド独自の発想による建物もあって、見飽きることがありません。ユニークさでいえばテンペリアウキオ教会。岩と建物が一体になっているかのような、フィンランドのモダニズムを象徴するデザインです。

堅実な大人

冒頭で挙げた原発に関する話を一つ。フィンランドでは国民的な議論を基に原発を推進してきました。現在、四基が稼働中です。「オンカロ」が建設されているユーラヨキは人口六〇〇〇人の町。フィンランド最大の原発の敷地内に「オンカロ」はあります。最終処分場を受け入れた町長は、その理由をこう話します。「利益を受けたからです」と。国からの特別交付金はないのですが、原発による電力で豊かな生活が維持できている以上、誰かがゴミを引き受けなければならない、というわけです。

まじめで合理的な国民気質といってしまうだけでは、話は簡単すぎます。日本では「想定外」と「責任のがれ」が目立ちますが、この国では理性的な長期的展望と堅実な大人の考え方が芯にあるようです。

アテネ

【国　名】ギリシャ共和国
【公用語】現代ギリシャ語
【通　貨】ユーロ

EU脱退の危機もあった

ギリシャという響きから神話や星座、エーゲ海など、即座にロマンチックなイメージが浮かぶよき時代がありました。いまではどうしても、経済危機という言葉のほうが先に立ってしまいます。ユーロ圏どころか、世界中に飛び火しかねないほどの危機的状況に一時はなりましたが、なぜこんなことになってしまったのでしょう。

二〇一五年六月、ＩＭＦ（国際通貨基金）はギリシャに対する一六億ユーロの融資について、その返済がなされず延滞状態にあると発表しました。ギリシャは事実上の債務不履行の状態に陥ったのです。一方、ギリシャへの金融支援を続けてきたＥＵ（欧州連合）は、支援を打ち切ることを決定し、これによってギリシャはＩＭＦにもユーロ中央銀行にも借金をしたまま立ち往生することになりました。

そもそも、二〇〇九年に発覚して世界を騒がせたギリシャ危機後、ギリシャはIMFとEUから金融支援を受け、その条件として三年間で三〇〇億ユーロの財政赤字の削減を約束しましたが、増税や公務員のリストラ、年金の削減などをめぐって国民のデモやストライキが相次いでいました。

そんなEUにつきつけられた緊縮政策に不満を持つ国民の支持を得て二〇一五年の総選挙で急進左派連合が圧勝し、チプラス新首相が誕生したのでした。チプラス政権はEUからの新たな緊縮政策を拒否し、「これはギリシャ国民の総意だ」とばかりに国民投票を実施して、あらためてEUの厳しい要求は受け入れられないと表明したのです。

お金は返せない、でも肩代わりをしてくれようとするEUの政策は国民が納得しないから受け入れない。このままではEUからの脱退もあるのでは、と世界が注目しました。さらにそこに顔を出すのがロシアと中国。とくにロシアにとって、ギリシャは黒海から地中海に出るために必ず通らなければならない国で、ここに影響が及ぶことは重要であり、逆にEUにとっては脅威になります。

チプラス首相がEUに対して強気に出られる背景には、ロシアの影もあるのです。しかし結局、チプラス首相はEUの新たな緊縮政策を受け入れ、資金援助を獲得して一息つきました。

どうして起こった？　ギリシャ危機

ギリシャが自国の通貨であるドラクマをユーロに代えた理由の一つは、観光が主な産業であることでした。ギリシャを訪れる大半がユーロ加盟国からか、もしくはユーロ圏を経由してやってきます。そこで、ドラクマに換金する手間をはぶけば、観光客が増えるはずだという読みがありました。

それに加えて、前々からの借金体質が顔をのぞかせます。経済的に弱いドラクマ建ての国債だと金利が高くなって、本当に返済できるのかという不安がありました。でもユーロになってしまえば、ドイツやフランスがいるから安心。とくにドイツは強力な通貨マルクでユーロの信用の基礎になっていますから、ギリシャとしてはユーロ建ての国債にして低い金利で借金できるという目論みがあったわけです。

しかし、ユーロという同一通貨を流通させるのに、国によって財政状態に差がありすぎては問題が生じます。まず自国の財政をある程度立て直してから、というEUの加盟基準をクリアしなければなりません。ギリシャは、国家財政の赤字の部分をGDP（国内総生産）の三パーセント以内に抑えることを約束。そして、努力の結果その数字を達成したと報告し、二〇〇一年に晴れてユーロに加盟しました。

ところが、二〇〇九年の一〇月に政権交代してみると、赤字がとんでもなく膨らんでいたことが発覚。つまり、前政権が虚偽の申告をしていたわけです。

ギリシャはユーロ建ての国債を大量に発行していて、それをヨーロッパの金融機関が買っていました。とりわけドイツとフランスはたくさん買っていたので、この財政虚偽でユーロ全体に対する不安が広がりました。これがユーロ危機です。

ギリシャにはお金がないから、新たに国債を発行して借金をしないことには国家予算が組めません。けれども、その国債を発行しようとすると法外な金利にしないと買い手がつかない。金利三〇パーセントだなんて、どだい無理な話ですよね。

という次第で、ドイツとフランスが中心になってギリシャに財政支援をすることになりました。お金は貸しますが、そちらも今度こそはちゃんとやってください、切り詰めるところは切り詰めてくださいね、と。

緊縮財政になったギリシャは経済が悪化して税収が減り、さらに悪化していく。負のスパイラルが止まりません。こうなったらしょうがない、借金の半分を帳消しにしますよということで、ヨーロッパの金融機関は大損をしました。その代わりといえば当然ですが、しっかりと経済を立て直すことが求められました。それで、ギリシャ政府は、労働者の二五パーセントともいわれる公務員を減らすとか、現役時代の収入とほぼ変わらない年金額を減らす、などの方針を打ち出します。すると国民が怒ってデモやストライキを始めたのでした。

国家財政が悪化した理由の一つには、過去の政権とその体質があります。選挙のたびに、公務員を増やしますと国民にアピールし、政権が交代すれば、それを実行してきました。そして気がつけば、労働者の二五パーセントが公務員ということに。公務員が多いというのは支出も増えるということで、それが税収を上回るなんてどう考えても健全ではありません。公務員の年金は五十五歳から受け取ることができ、しかも働いていたときとほぼ同額だというのですから、誰もが公務員になりたがるわけですよね。

脱税も文化？

ＥＵからの「切り詰め」政策には反対したギリシャ国民ですが、別の分野では「切り詰め」をしています。それは納税。どうやら税金を払うのが嫌いな体質のようです。

ギリシャでは、脱税が文化というか伝統というか、そんなとらえ方をしている人が少なくありません。かつてイスラム教のオスマン帝国に支配されていた時代、異民族支配に対する抵抗運動の一つとして税金を払わないということがあったようで、それが根づいたのだという好意的な解釈もあります。

たとえば、買い物をしたりレストランで食事をしてレシートを要求すると、値引きをするからレシートは出さなくていいか、と持ちかけられることがよくあります。レシートを発行すれば売り上げとして記録に残ってしまうので、その分の税金を払わなければなりません。つまり、記録上の売り上げを減らして、税金を「切り詰め」るのです。このやり方が、病院などでも通用しているというのですから、すごいとしか言いようがありません。

他国からの援助は当たり前？

「あんな怠け者の国に、なんでそこまで」という国民の声がありながらもギリシャ支援に乗り出したドイツのメルケル首相は、「ちゃんと働いてください」とギリシャに対して釘を刺し、ドイツの税務署の職員を大量に送り込みます。税金の取り立ての「応援」とはいいながら、実際のところ大金を貸し付けているのですから、回収業務になるわけです。

ギリシャの人々は「われわれを援助するのは当然」と思っています。これには大きな理由が二つあります。

一つは、ユーロ不安が招いたユーロ安のおかげで、ドイツは輸出で大きな利益をあげています。はっきり言って、独り勝ち。ドイツの経済状態がこれほどいいのも、「われわれのおかげ」と考えるのがギリシャ流なのです。

もう一つの理由は、ギリシャ人のプライドの高さでしょう。以前アテネで、元高校教師にインタビューしたことがあります。「ギリシャがこんなふうになってヨーロッパ諸国に迷惑をかけていますけど、どう思いますか？」と質問してみました。すると、「ギリシャ文明がヨーロッパ文明の基礎になったのだから、ギリシャを助けるのは当たり前だ」と、少しも悪びれるところがありませんでした。ちなみに、やはり財政状態が悪化しているイタリアも似たようなもの。ギリシャ、ローマ文明がヨーロッパ文明を築いたのだから、いざというとき助けるのは当然という感覚なのでしょうか。

遺跡のなかの街

古代の人々が偉大な文明を築いてきたことは、いまさら言うまでもありません。アテネの街を歩いてみると、「遺跡のなかに街がある」ということが実感できるでしょう。

世界的に有名なのはパルテノン神殿。アクロポリスの丘に立つ一大芸術的建造物には、アテネの街の守護女神、アテーナーが祀られています。ここは神殿でもあり要塞でもありました。アテーナーはオリュンポス十二神の一柱で、知恵と芸術と戦略をつかさどっています。劇場や音楽堂の遺跡もあるアクロポリスの丘に隣接するのは、古代アゴラ。「アゴラ」というのは「広場」の意味ですが、古代では政治や文化の場であったというのがよくわかる遺跡群です。

アテネ市内の遺跡だけでも、とても一日では回りきれません。エーゲ海の島々にも遺跡がたくさんあります。アテネからの日帰りクルーズもおすすめです。遺跡を訪ねる旅は徒歩が中心になりますので、歩きやすい靴を用意してください。

ギリシャ哲学の賢人ソクラテス、プラトン、アリストテレス。ギリシャ語で哲学を意味する「ピロソフィア」が英語の哲学＝Ｐｈｉｌｏｓｏｐｈｙの語源になりました。壮大な叙事詩『イリアス』『オデュッセイア』を書いたホメロス、歴史家ヘロドトスなど、ご先祖たちは歴史の教科書に出てくる有名人だらけで、ギリシャが世界にもたらしたものははかりしれません。

それらがゆえに、他国が援助するのは当たり前と考えるギリシャ人には、古代ギリシャのデモフィロスの名言、「自制ができぬうちは、自由だとはいえぬ」を思い出してほしいものです。

ブダペスト

【国　名】ハンガリー
【公用語】ハンガリー語
【通　貨】フォリント

強国の〝はざま〟に揺れて翻弄されてきた軌跡

日本人には不思議な響きを感じさせる名前、ブダペスト。街の中央を流れるドナウ川の両岸のブダとペストが一緒になったので、この名前があります。

一〇世紀末、マジャール人（ハンガリー人）であるイシュトバーン一世によってハンガリー王国が築かれますが、その後、イスラム教のオスマン帝国やオーストリアのハプスブルク家によって長く支配されてきました。一八四八年、独立運動により「ハンガリー革命」が勃発。これは失敗したものの、ハンガリーに独自の政府を樹立するという条件を獲得して、オーストリア＝ハンガリー帝国となります。

第一次世界大戦では敗戦国になり、第二次世界大戦当時は、ナチス・ドイツの強要で枢軸国とされ、やはり敗戦国となります。一九四五年、降伏したナチス・ドイツに代わって、今度はソ連（ソビエト社会主義共和国連邦）に支配されてしまいます。ソ連によって社会主義が推進され、ハンガリー人民共和国となりました。しかし、ソ連に対する反発には根強いものがありました。

当時のソ連は、「スターリニズム」体制。簡潔にいえば、スターリンという独裁者による恐怖政治です。「人民解放」を掲げながら、人民を虐殺する政治で、自分以外は誰も信じないスターリンは側近や軍の幹部でさえも処刑したり、強制収容所送りにしたほどでした。粛清、処刑、密告、餓死、国民は空前の災禍に見舞われていました。

この実態がわかったのは、スターリンの死後のこと。一九五六年にフルシチョフ第一書記が「スターリン批判」を行って、恐怖政治の中身が明らかになったのです。

スターリンの命令が絶対だった東欧諸国では、「スターリン批判」以後の政治をどうすればいいのかわからず、ソ連からも特に指示がなかったので、恐る恐る、締めつけをゆるめていくという方針に出ました。

そして同年に起こったのが「ハンガリー動乱」（ハンガリー革命とも呼ばれる）。ハンガリー共産党の改革を要求する学生や労働者たちの集会に治安部隊が発砲したのが、きっかけでした。ハンガリー共産党がソ連に応援を求めたため、戦車二五〇〇台と装甲車一〇〇〇台のソ連軍が首都のブダペストを包囲。これにハンガリー軍の一部が応戦し市街戦となったのです。市民は手製の火炎瓶などで戦いましたが、ソ連軍の無差別砲撃によって数千人が殺され、約二〇万人が西側諸国へと亡命しました。私はカナダのバンクーバーのヴィクトリア公園で、ハンガリー亡命者たちが建てた慰霊碑を見つけました。こんなに遠くまで逃げてきたのかと、感慨深かったものです。

「スターリン批判」を行ったソ連でしたが、自国の国民や東欧の国々を支配しようとする体質は変わらなかったのですね。チェコスロバキアの「プラハの春」も同じことでした。結局、ソ連のこういうやり方はゴルバチョフ書記長が登場するまで続きました。

「ベルリンの壁」崩壊への序曲

一九八九年一一月、衝撃的なニュースが世界中を駆け巡りました。ドイツを東西に分断する「ベルリンの壁」が崩壊したのです。この結果、ソ連型の社会主義国となっていた東ドイツが、一九九〇年には西ドイツに吸収され、東ドイツという国がなくなりました。

東ヨーロッパの国々は一九八〇年代から少しずつ民主化の道を歩み始めていました。ただ、急速な民主化は、ハンガリー動乱のときのように、ソ連の介入を招くという懸念があったのですが、ゴルバチョフの登場で、その心配がなくなりました。そして一九八九年五月、安心したハンガリーは、「屈辱的な第二のベルリンの壁」であった、オーストリアとの国境三五〇キロメートルにわたって張り巡らされていた鉄条網と警備装置を撤去します。

すると、東ドイツの国民が大量に、ハンガリーに「旅行」にやってきたのです。彼らは、まず自由に行き来できるチェコスロバキアに入ると、そのまま通り抜けてハンガリーへ。そしてオーストリアから西ドイツへと向かったのです。

ハンガリーにある西ドイツ大使館には、亡命を申し出てビザを取ろうとする二〇万人もの東ドイツ人が押し寄せるという事態になりました。そこでハンガリー政府は、東ドイツ国民は自国のパスポートだけでハンガリーを出国できるようにしたのです。つまり、オーストリアへ自由にどうぞということでした。

それに対して、東ドイツ政府はチェコスロバキアとのビザ免除協定を停止。東ドイツ国民の国外脱出の道を断ったのです。そのために国民の不満が爆発して、激しい反政府デモがあちこちで起こり、とうとう政府は国外旅行の自由化を発表することになりました。そしてついに「ベルリンの壁」が崩壊することになります。つまり、その背景には、ハンガリーがオーストリアとの行き来を自由にしたというきっかけがあったのです。

歴史的遺産の光と影

ブダペストの中央にはドナウ川が流れています。西岸のブダと東岸のペストが合併したのは一八七三年のことでした。両岸を結ぶ橋がいくつか架かっていますが、いちばん有名なのが「セーチェーニ鎖橋《くさりばし》」。ロンドンのテムズ川に架かるロンドンブリッジを設計、建築した技術者たちによるものです。ロンドンつながりでつけ加えれば、地下鉄。ロンドンに次いで、ヨーロッパで二番目に開通した古いもので、「メトロー」と呼ばれています。

鎖橋を挟んで西側は世界文化遺産となっている王宮の丘、東側は国会議事堂、聖イシュトバーン大聖堂、いちばんの繁華街ヴァーツィ通り、そして、静かで美しいアンドラーシ通り。このあたりに観光の名所が集まっています。

個人的に印象深かったのは、「恐怖の館」です。ナチス・ドイツの影響を受けた政党の本部、そして、共産主義時代の秘密警察の本部だった建物が博物館になっています。建物の半分がドイツ時代を表す黒、もう半分がソ連時代を表す赤になっていて、恐怖政治を象徴しています。地下には拷問部屋や牢獄があって、たしかに気分が沈みますが、厳しくつらい歴史の一端に触れることができます。

「シシィ」という愛称で親しまれたハプスブルク家の皇妃エリーザベトは、ハンガリーがことのほか気に入り、よく訪れていたようです。

ブダの丘にあるマーチャーシュ教会では、夫フランツ・ヨーゼフ一世のハンガリー王としての戴冠式に臨んでいます。支配する側のハプスブルク家をハンガリー国民は快く思っていなかったのですが、シシィのハンガリーびいきのため、ついには親近感を抱くにいたったそうです。「エリーザベト」と名の付く橋、教会、広場、展望台、シシィの像など、ゆかりのあるものがいくつも見つかります。

さらに、もう一つの「歴史的な遺産」が、温泉。二〇〇〇年前のローマ時代から始まったともいわれている温泉を楽しむ文化が、現在にも受け継がれています。オスマン帝国時代に建てられたトルコ式の浴場から市民公園にある温泉プールまで、形態も多様。一〇〇以上の源泉と五〇ほどの温泉施設があるそうですから、まさに温泉天国です。

まじめで素朴な優等生

グヤーシュという料理があります。牛肉と野菜をパプリカで煮込んだ濃いスープで、ハンガリーではポピュラーな家庭料理。農民が家に帰らずに昼食をとれるように、屋外で火を熾《おこ》して鍋で作った料理が起源だそうです。

もともとは広大なハンガリー平原での農業が産業の中心だったのですが、社会主義時代には計画経済下で重工業が推進されました。一九八九年の一〇月に非共産党政府が樹立されてハンガリー共和国となると、西ヨーロッパの仲間入りを目指します。資本主義体制に転換以降、外資を受け入れ、近代的な工業化を進めてきました。

旧東欧諸国のなかの「優等生」といわれたほどの成長ぶりは、二〇〇四年にEU（欧州連合）に加盟して加速してきました。人件費が安い、教育水準が高い、まじめな国民性とくれば、西ヨーロッパの企業からすると「優れた労働者」に恵まれているわけで、安心して進出できるというものです。通貨も従来のフォリントのままなので、なにかと揺れているユーロを横目に、むしろ経済は安定しているといえるでしょう。

堅実ではあっても豊かではない。豊かではなくても堅実である。同じ内容のようでいて、ニュアンスが微妙に異なりますね。私は、後者の言い方がハンガリーには似合っていると思います。

ドブロブニク

【国　名】クロアチア共和国
【公用語】クロアチア語
【通　貨】クーナ

各国が欲しがる重要地

美しい世界遺産の街、ドブロブニク。首都ではありませんが、クロアチアといえば、この街の名を思い出す人も多いことでしょう。

クロアチアを知る第一歩は、まず地理から。長靴形のイタリアの「ふくらはぎ」側にあるアドリア海を挟んで、向かい合っているのがスロベニア、クロアチア、ボスニア・ヘルツェゴビナ、モンテネグロといった国々。いわばバルカン半島のつけ根のあたりになります。

バルカン半島はちょうどヨーロッパとアジア、中東との中間に位置します。アドリア海は地中海につながっています。つまり大昔から、領土拡大のための侵攻にも、あるいは交易のためにも必ず押さえておきたい要衝なのです。そのうえ、土地が肥沃で漁業も盛んとくれば、言うことなし。どこの国も手をのばしたくなる重要地です。

現在のクロアチアに南スラブ人が移住してきたのが六世紀ごろ。最初の独立国家、クロアチア王国が建国されたのは一〇世紀初頭とされています。

そして一一世紀には、ハプスブルク家(後のオーストリア＝ハンガリー帝国)の支配下に入ります。これでヨーロッパ文化とカトリックの影響を受けることになりました。

一方、一五世紀にはオスマン帝国に大部分の領土が征服されるとともに、アジア文化とイスラム教がもたらされました。

ハプスブルク帝国は、オスマン帝国から逃げてきたセルビア人を軍事国境地帯の防衛にあたらせたのですが、これが、クロアチアにセルビア人が居住するようになったきっかけです。

第一次世界大戦でオーストリア＝ハンガリー帝国が崩壊すると、一九一八年、「スロベニア人・クロアチア人・セルビア人国」が建国されます。しかし、名前を見ても想像がつきますが、民族間の対立が激しく国家はうまく機能しません。

ついには、セルビア人が主導する「ユーゴスラビア王国」へと強引に改称。ユーゴスラビアというのは「南スラブ人の国」の意味です。

セルビア人主体の政府にクロアチア人は反発、民族意識が高まります。やがて、ユーゴスラビアに侵攻してきたナチス・ドイツを支援するようになります。こうして、ドイツの傀儡政権である「クロアチア独立国」が誕生すると、クロアチア人対セルビア人の戦闘が激しさを増していきました。

複雑な民族間の対立

この混乱のなかでナチス・ドイツに抵抗を続けたのが、ヨシップ・ブロズ・チトーが率いるパルチザン（ゲリラのようなもの）。一九四五年、ドイツが降伏して第二次世界大戦は終結しましたが、今度はソ連（ソビエト社会主義共和国連邦）から社会主義体制を押しつけられます。けれども、ユーゴスラビアの大統領となったチトーは、ソ連に抵抗して、独自の社会主義の姿勢を貫きます。

「一つの国家、二つの文字、三つの宗教、四つの言語、五つの民族、六つの共和国、七つの国境線」と表現されたユーゴスラビア。たとえば、文字はラテン文字（アルファベット）とキリル文字。宗教はカトリックとセルビア正教とイスラム教、民族は二〇以上ともいわれる複雑さです。

にもかかわらず、「ユーゴスラビア連邦」として一つにまとまることができたのは、自分たちの力で国をナチス・ドイツから解放したという誇り、ソ連に対抗するための団結心、そしてチトーによる統治の巧みさだったといえます。彼の父はクロアチア人でしたが、うまくバランスをとって、各民族の共存を図りました。

しかし、カリスマ的な指導者であるチトーが一九八〇年に亡くなると、それぞれの共和国や自治州や民族が互いに自己主張をし合い、まとまりがつかなくなってきました。そして一九九一年、スロベニアとクロアチアが独立宣言をします。すると、クロアチア在住のセルビア人を保護するという名目でセルビア人主体のユーゴスラビア連邦軍が両国を攻撃。スロベニアは地理的に離れていたのでまだましでしたが、クロアチアのほうは相当な被害を受けました。この内戦に対してヨーロッパの国々が調停に入って、スロベニアとクロアチアの独立を承認したため、両国は正式な独立を果たしました。

しかし、以後もクロアチア内のセルビア人、またボスニア・ヘルツェゴビナがそれぞれ独立を求めて、抗争や内戦が起きたりもしました。特に民族と宗教の違いから生じる摩擦はなかなか収まらないようです。

中欧と南欧の良さを併せ持つ街並みと文化

首都ザグレブは内陸にあって、中央ヨーロッパとアドリア海を結ぶ交通の要衝。もちろんクロアチアの政治・経済・文化などの中心地なのですが、それほど大きな街ではありません。一日もあれば主だったところは見て回れます。

街の中心部イェラチッチ広場の近くにある聖母被昇天大聖堂はザグレブのシンボル。イェラチッチ広場から世界一短いケーブルカーに乗ると、美術館、博物館、国会議事堂、首相官邸などがある通り。その奥に聖マルコ教会があります。ほかにも、見張り用の塔や、自由都市だった時代に敵からの侵入を防ぐ石の門なども残っていて、歴史が息づいています。

ハプスブルク家の支配でヨーロッパの影響を強く受けたクロアチアでは、オーストリアのカフェ文化が定着しています。いたる所にカフェがあって、スイーツも満喫できます。食事も、内陸部なら中央ヨーロッパに似た肉料理や煮込み料理や生ハムなど、海沿いならイタリア料理に似たパスタや魚介料理というふうにバラエティ豊かです。

アドリア海に面した美しい世界遺産の街

ドブロブニクは、「アドリア海の真珠」と称される世界遺産の街で、クロアチア観光の目玉です。クロアチアの南端にあり、ボスニア・ヘルツェゴビナとモンテネグロの両国に挟まれる「飛び地」で、アニメーション映画『紅の豚』や『魔女の宅急便』の街のモデルになったことでも有名です。

ドブロブニクの見どころのほとんどは旧市街の城壁内にあります。城壁は八世紀から建造が始まって一五～一六世紀に至るまで工事が続いたとか。一六六七年に大地震があり、旧市街の大部分が崩壊しましたが、この城壁だけは残ったといいますから、いかに頑丈につくられたかがわかります。

城壁の上の遊歩道を進めば、フランシスコ会修道院、スポンザ宮殿、オノフリオの小噴水、総督邸、聖母被昇天大聖堂、砦《とりで》といった歴史の遺産を巡ることができます。

アドリア海の青とレンガ色の家並み、城壁からの眺めはえもいわれぬ美しさですが、屋根に注目してください。ところどころ、つぎはぎのような箇所があるはず。これは、ユーゴスラビア連邦軍の攻撃によって破壊されたものを修復した跡です。散らばった当時の材料だけを使ってつなぎ合わせて修復したのです。

一時「危機にさらされている世界遺産リスト」に載るほどでしたが、市民の努力によって、いまではリストから外されています。

戦争の傷跡が見られるのは独立戦争展示館。ロープウェーでスルジ山に登ると、ナポレオン軍が占領中に建設されたという大きな十字架が目に飛び込んできます。戦争時に破壊された砦を使った展示館では、生々しい映像が映し出されます。独立戦争のさなか、イギリスのテレビ局の記者が現場から中継していたもので、激しい攻撃を受けている様子が「目撃」できます。

地理的な事情で、国内のどこよりも甚大な被害を受けた街だったことがわかります。あまり日本人観光客が行かない場所なのですが、ぜひ立ち寄ってみてください。

永遠の理念であり、課題でもある共存共栄

クロアチアは二〇一三年にＥＵ（欧州連合）に加盟しましたが、通貨は「クーナ」のままです。ＥＵ内での通貨は、ユーロでも自国のものでも自由です。サンマリノ共和国のように、ＥＵに入っていないのにユーロを使っている国もあれば、かつてフランスの植民地だったアフリカの国でもユーロを使用しているケースもあります。周りがみんなユーロだから、ユーロにしてしまえば便利ということがあるのでしょう。ですが、クロアチアは、まだユーロ危機の懸念含みで様子見をしているのかもしれません。

バルカン半島というのは、ヨーロッパのアキレス腱ともいえる場所です。一九一四年、オーストリア＝ハンガリー帝国の皇太子夫妻がサラエボでセルビア人によって暗殺され、そのことをきっかけに第一次世界大戦が始まりました。それ以来バルカン半島は、「ヨーロッパの火薬庫」と呼ばれています。多種多様な民族や宗教が交じり合い、ちょっとした衝突の火花が大爆発を起こすことになりかねないからです。

現在では、それぞれが国家として独立しているものの、旧ユーゴスラビアを構成していた国々がまた新たな火種にならないとは限らず、それを防ぐためにも一つの枠組みに入れたいという思惑がＥＵにはあります。

それぞれの違いは認めつつも、互いに助け合っていこうではないかという理念の具現化がチトー時代のユーゴスラビアでしたが、それをいまＥＵは模索しているのではないでしょうか。

ウィーン

【国　名】オーストリア共和国
【公用語】ドイツ語
【通　貨】ユーロ

国際機関が立ち並ぶホスト都市ウィーン

中世の美しい街並みで知られるウィーンには、もう一つの顔があります。それが、ニューヨーク、ジュネーヴについで多くの国連機関が事務局を置く、名だたる国際都市としての風貌です。ドナウ川本流沿いに位置する「UNOシティ」（ウィーン国際センター）に足を運べば、一九七〇年代から建設が進められた未来都市を思わせる建物を一望することができます。そこは、国連宇宙局（UNOOSA）、国連工業開発機関（UNIDO）などが集まる国連都市でもあるのです。三・一一の東日本大震災のあとに起きた東京電力福島第一原発事故以来その名が広く知られるようになった国際原子力機関（IAEA）も、一九五七年の創立以来、その本部はウィーンに置かれています。

アメリカとロシア（旧ソ連）が対立していた冷戦時代には、永世中立国であるオーストリアは東西の架け橋的な役割も担っていました。一九七〇年代、首相のブルーノ・クライスキーが取り組んだ「UNOシティ」の構想も、国際問題の解決に積極的に取り組むというオーストリアの姿勢の表れでした。

一方、国連関係機関のホスト都市になるということは、大きな経済効果が見込まれます。国際会議の開催件数は世界でも屈指。会議のたびに訪れる外国人たちがそのまま観光客にもなりうるわけですから、観光業にも大いに貢献してくれているのです。

世界金融危機の影響でGDP（国内総生産）の伸び率がマイナスになったこともありましたが、近年は持ち直してプラスに転じています。

パトロンのおかげで文化が発展

ウィーンといえば「音楽の都」。モーツァルト、ベートーヴェン、ハイドン、シューベルト、シュトラウス。錚々《そうそう》たる音楽の巨匠たちが、一八世紀から一九世紀にかけて躍動した街です。

なぜ彼らがこの街を拠点にしたのかというと、そこには強力なパトロンの存在があったからです。優秀な音楽家を発掘し、曲を書かせ、演奏会を催すことが、ウィーンの貴族のステータスでもありました。音楽家からすれば、「おかかえ」となることによって庇護を受け、明日のパンを心配することなく、存分に音楽にエネルギーを注げたわけです。

なかでも最上級のパトロンといえば、ハプスブルク家。約六五〇年にもわたって、オーストリアを統治してきた名家です。もとは地方の小貴族でしたが、一二七三年、当主・ルドルフ一世が神聖ローマ帝国の皇帝に選出されたことから、大いに発展して栄華を極めました。

神聖ローマ帝国というのは、一〇世紀ごろからいまのドイツ、オーストリアを中心に中央ヨーロッパを支配してきた国家です。時代によって領土が拡大したり縮小したりと複雑な歴史がありますが、ハプスブルク家の当主は代々、神聖ローマ帝国とオーストリアの皇帝を兼ねてきました。「戦いは他家にまかせておけ。幸あるオーストリアよ、汝は結婚せよ」とは、ハプスブルク家中興の祖マクシミリアン一世の言葉です。これはハプスブルク家の家訓ともいえる言葉で、戦争で領土を拡大していくのではなく、政略結婚によって勢力を増強していくというやり方なのでした。

女たちが主役!? ハプスブルク家

「結婚」に焦点を合わせると、ハプスブルク家ゆかりの三人の女性にふれないわけにはいきません。

まずはマリア・テレジア。一八世紀半ばから後半にかけて君臨した皇后です。代々男系の家系ながら、兄が夭折《ようせつ》したために、彼女が後継者となりました。女性が皇帝になることはできなかったので夫が帝位に就きますが、実質的には彼女が政治の采配を振りました。彼女の時代には、宮廷文化が華やかな一方で、周辺諸国との戦争も何度か起こっています。美貌の誉れ高く、当時としては珍しく恋愛結婚をして一六人の子供を出産。子供たちのほとんどはフランスやスペインのブルボン家と縁を結びました。その有名な例がマリー・アントワネットです。

マリア・テレジアの末娘、マリア・アントーニアこそがマリー・アントワネット。フランスのルイ一六世のもとへ一四歳で嫁いだときに、この名前になりました。フランス革命でギロチン台の露と消えるまでの生涯は、『ベルサイユのばら』でもおなじみのことでしょう。

彼女がまだマリアだった七歳のころ、モーツァルトと出会っています。マリア・テレジアの前で六歳のモーツァルトが演奏したのを、マリアは見ていたわけです。床に転んでしまったモーツァルトを助けたことで、彼から「ぼくのお嫁さんにしてあげる」といわれたというエピソードもあります。

マリア・テレジアから一〇〇年ほど後の皇后エリーザベト。ドイツの同盟国であるバイエルン王国に生まれた彼女は、フランツ・ヨーゼフ一世に見初められました。エリーザベトのあまりの美貌に皇帝が魅せられたと同時に、彼女も若き皇帝に好感を抱きました。とはいえこれも政略結婚。両国の関係を強化する親同士の思惑があったのです。一六歳で嫁いだエリーザベトは、自分が育った自然豊かな環境とは大違いのウィーンの宮廷生活になじめなかったようです。

しかし、ウィーン嫌いにもかかわらず「シシィ」という愛称で呼ばれるほど市民たちから慕われていたのは美貌のおかげかもしれません。彼女が外出をするとひと目見ようとする市民たちが押し寄せて大変な混雑を招いたといわれています。その美しさは、美術史美術館の『オーストリア皇后エリーザベトの肖像』で確かめてください。

彼女が皇后だった時代にはすでにハプスブルク家の輝きは失われており、フランツ・ヨーゼフ一世の甥にあたる皇太子がサラエボで暗殺されたことでセルビアに宣戦布告、これはやがて第一次世界大戦へと拡大していきます。一九一八年、大戦での敗北とともにハプスブルク家も終焉を迎えました。

街を歩き栄華の足跡をたどる

ウィーンの街を歩くということは、自然とハプスブルク家の名残をたどることになります。

まずはリンクと呼ばれる環状道路を覚えてください。フランツ・ヨーゼフ一世の時代に、大規模な都市改造が行われました。市を取り囲む塀を取り払って環状道路にし、ここに路面電車を走らせました。このリンクの内側が旧市街です。

ハプスブルク家の人々の内臓（心臓以外）が入った壺が地下に安置されているシュテファン大聖堂、シシィの部屋があるホーフブルク宮殿、財宝を集めた王宮博物館、世界一美しい図書館といわれる国立図書館プルンクザール、ハプスブルク家の婚礼が行われたアウグスティーナ教会、マリア・テレジアとその夫のひときわ豪華な棺が並ぶカプツィーナ教会など旧市街の見どころは尽きません。

リンクの外側で必見なのは、世界遺産にもなっているシェーンブルク宮殿。一八世紀の半ばにマリア・テレジアによって大改築がなされ、現在の姿になったそうです。宮殿見学の折には素晴らしいカフェにも寄ってください。高台にグロリエッテという巨大な記念碑が立っていて、その中にあります。ここからの展望は一見の価値があります。

カフェで過ごす時間で文化を堪能

街を歩いていてうれしいのは、どこにでもカフェがあること。朝食からランチ、軽めの夕食までとれる店があるので、使い勝手がいいのです。そして、なによりそのたたずまいが「絵になる」ところが魅力的。

カフェ「ザッハー」は元祖ザッハートルテの店。私には正直、濃厚すぎましたが。それからウインナーコーヒー。ウィーンでは、これはアインシュペナーといいます。

そしてウィーン名物といえば、ヴィーナー・シュニッツェル。たたいて平べったくした仔牛や豚の肉を揚げたもの。薄いカツレツですから、私たちにもなじみの味です。ウィーンの街角で、面白いものを見つけました。カンガルーのイラストが描かれたTシャツに「No Kangaroos In Austria」と書いてあるのです。オーストリアとオーストラリアを間違えるのは日本人だけじゃないようですね。

プラハ

【国　名】チェコ共和国
【公用語】チェコ語
【通　貨】チェコ・コルナ

栄光の都の光と影

二〇一五年一月の大統領選挙で、もしや日系人が候補に!? と話題になったチェコ。結局、後に候補失格となってしまいましたが、それはさておき、チェコといえば、長く社会主義時代が続いたあと、平穏なうちに新しい民主主義政権になった成熟度の高い国として知られています。

世界遺産になっているプラハの街はヴルタヴァ川（モルダウ川）を挟んだ両側に赤い屋根といくつもの塔で埋め尽くされ、本当に美しい。ナマで見ると、さらに美しい。日本人の観光客も増えています。人々を魅了する美しさの大きな理由の一つは「破壊されていない」ことにあるのではないかと思います。

チェコ共和国はヨーロッパのほぼ中央にあり、その地理的条件から他国とのせめぎ合いを繰り返してきました。にもかかわらず、プラハでは一〇世紀から現代に至るまでの多種多様なスタイルの建造物が破壊をまぬがれて保存され、かつ、いまでも使われています。これは奇跡的なことではないでしょうか。

一四世紀のこと、ボヘミア王カレル一世が神聖ローマ帝国の皇帝に選ばれました。その後、プラハは首都となって開発や整備が進められ、「黄金のプラハ」とまで称される都市になります。一六世紀には、文化・学芸の中心として繁栄しました。しかし、輝かしさの裏には過酷な面も。宗教改革に端を発し、国家間へと広がっていった戦争が断続的に二〇〇年も続きました。一六二〇年の戦いで、プロテスタント派のチェコ人貴族軍が全滅すると、熱心なカトリックであるハプスブルク家の支配がいっそう強固なものになります。自国語の使用禁止や宗教弾圧を受けることになったチェコでは、一九世紀に民族主義運動が起こるまで暗黒の時代を過ごしてきたのです。

地図から消えた国

第一次世界大戦後の一九一八年、チェコとスロバキアが民族自決を理念に「チェコスロバキア共和国」として独立します。しかしチェコ人が主導権を握ったために、スロバキア人が反発し、親ドイツの立場をとることになります。ナチス・ドイツの勢力に押される形で、ズデーテン地方をドイツに割譲。さらに、一九三九年には、ボヘミアとモラヴィアが保護領として、またスロバキアが保護国としてドイツに編入され、「チェコスロバキア」という国は世界地図から消えたのです。

第二次世界大戦後、チェコスロバキア共和国はいったん復活しますが、次の脅威となったのは、ソ連でした。ソ連の影響を大きく受けたチェコスロバキアでも社会主義勢力が政権を掌握します。

しかし、ソ連の抑圧に対する不満が噴出した結果、一九六八年、ドプチェク率いる政権へと代わり、「人間の顔をした社会主義」という独自の民主化路線を歩み始めることになりました。これを「プラハの春」と呼びます。後に起きた、天安門事件を契機とした中国での民主化運動を「北京の春」、チュニジアでのジャスミン革命から広がった民主化運動を「アラブの春」といいますが、これらの呼び名はすべて「プラハの春」からきています。

ちなみに、私の世代ですと、一九六四年の東京オリンピックの女子体操で金メダルをとったチェコスロバキアの選手が印象に残っています。ベラ・チャスラフスカという選手で、日本にブームを巻き起こしましたが、彼女もその後、民主化運動にかかわっていきました。

武力に抵抗する『モルダウ』

第二次世界大戦後、東西分裂の象徴として「鉄のカーテン」という言葉が使われました。ソ連が率いる東欧諸国対アメリカや西ヨーロッパが率いる諸国との対立でした。

かつてのソ連は、自分たちの意向に従わない国に対しては弾圧という手段に出ました。一九五五年にソ連と東欧七カ国とで調印した友好相互援助条約（ワルシャワ条約）が強い「しばり」として存在したのは有名です。

たとえばハンガリーで起きた改革運動は、ソ連軍の戦車によって流血とともにつぶされました。「プラハの春」の際にもワルシャワ条約機構軍が介入してきて、プラハを占拠しました。これをチェコ事件と呼び、このとき、国営放送は国歌『ヴルタヴァ』（ドイツ語でモルダウ）をひたすら流し続けていたといいます。

スメタナの名曲『モルダウ』は交響詩『わが祖国』の第二曲で、母なる大河モルダウが山奥の源流からプラハへと滔々《とうとう》と流れる情景を描いたもの。祖国が踏みにじられているなか『モルダウ』を流し続けていたというのは、静かな抵抗だったのではないでしょうか。

改革はビロードの手ざわり

チェコ事件の結果、政権は親ソ連派が握り、国内の秘密警察の機構が強化されます。国民同士の監視と密告が奨励されるという、恐怖の警察国家となりました。けれども、民主化運動の流れが絶えることはありませんでした。一九八九年に高校生や大学生のデモから始まった小さなさざ波はいつしか大きなうねりとなり、やがて共産党政権を倒します。この民主化革命が「ビロード革命」と呼ばれるのは、まるでビロード生地のようになめらかに行われたからなのです。

このハンガリーやチェコスロバキアの動きが「鉄のカーテン」に突破口を開けました。こうした一連の流れが「ベルリンの壁」崩壊とソ連の解体へとつながったわけです。ただ皮肉なことに、チェコスロバキアは、一九九三年にチェコとスロバキアとに分離しました。これも「ビロード離婚」といわれるほど平和的に別れましたが。

チェコの改革ではなぜ暴力を伴わなかったのか、なぜ改革をやめなかったのか、これは国民性に関係があるのではないかと思っています。

著名人を例にとってみると、「プラハの春」を推し進めたドプチェクは、自身の出自であるスロバキアの民族文化の保護にも力を入れました。『存在の耐えられない軽さ』で有名な作家ミラン・クンデラは、「プラハの春」を支持したために、国内では執筆活動ができなくなりました。劇作家のヴァーツラフ・ハヴェルは、チェコスロバキア大統領やチェコ共和国初代大統領の座に就きました。音楽家のスメタナやドヴォルザークは、チェコ国民楽派ともボヘミア楽派とも呼ばれるように、祖国の民族的な音楽性を確立していきます。

他国からの侵略と抑圧が繰り返される歴史のなかで、文化人から政治家まで、誰もが自分たちの進むべき方向を自分たちで決めていきたいという欲求と意志が固かったのではないか。それを支えたのは、自国の文化に対する強い誇りではなかったか。そんなふうに解釈しています。

石畳の路地を歩いて歴史的な建築物を探検

プラハは「建築博物館」ともいわれる街です。九世紀に建築が始まり一四世紀に現在の形になったというプラハ城。その城内に残る聖イジー教会は一一世紀のロマネスク様式と一七世紀のバロック様式。聖ヴィート大聖堂は、ロマネスク様式からゴシック様式へと改築され、完成までに六〇〇年かかったそうです。

さらに、ルネサンス、バロック、アール・ヌーヴォー、キュビスムなど、それぞれの時代の特色をもった建築物が目白押し。街歩きをしていて飽きることがありません。フランツ・カフカ博物館、スメタナホール、アルフォンス・ムハ（ミュシャ）美術館など、チェコの有名人ゆかりの建物とも随所で出合えます。

でも、プラハ巡りの第一歩はなんといってもカレル橋でしょう。プラハの中心部を流れるヴルタヴァ川に架かる見事な石橋。幅一〇メートル、長さ五二〇メートルの橋の欄干の両側に並ぶ三〇体の聖人像が見ものです。日本でもおなじみの聖フランシスコ・ザビエルの像もあるので、探してみてください。車は通行禁止ですから、観光客とストリートパフォーマーであふれかえっています。大きな人だかりはチェコ名物の人形劇。チェコの伝統芸術です。

EUの恩恵を受けつつもユーロの仲間はずれ？

チェコは二〇〇四年にEU（欧州連合）に加盟しました。かつては貧しい社会主義の国だったので基本的に人件費が安い。そのため、ドイツの自動車会社の工場進出などが増えていきます。こうして、外資系の企業が増えてくると、今度は労働力が不足して、人件費が上がっていきます。チェコからいえば、EUの恩恵に浴したというところです。

しかし、チェコの通貨はコルナのまま。ユーロ圏に入っていないのです。それはドイツが承諾しないからともいわれています。かつてドイツに奪われたズデーテン地方を第二次世界大戦後に取り戻したことが関係しているのかもしれません。

過酷な歴史のなかで守り続けられたプラハの街を見ると、決して派手ではないけれど民族のプライドを忍耐強く持ち続けたチェコ人と重なります。

ベルリン

【国　名】ドイツ連邦共和国
【公用語】ドイツ語
【通　貨】ユーロ

脱原発

原発を再稼働させている日本と異なり、ドイツは脱原発に進んでいます。理由はもちろん日本で起きた東京電力福島第一原発の事故です。距離が離れているため意外に感じるかもしれませんが、事故が起きたあといち早く反応したのがドイツでした。国内一七基すべての原子力発電所を耐用年数順に二〇二二年までに廃止するということになりました。ドイツでは、旧ソ連（ソビエト社会主義共和国連邦）のチェルノブイリ原発の事故のとき、食物が放射能に汚染されて多大な影響を受けたこともあり、原発問題にはとりわけ敏感なのです。

実はドイツでは近年、いったん脱原発となっていた方向が転換して、原発復活に風向きが変わってきていました。政治における保守対革新の駆け引きによるものです。ところが、福島の原発事故直後に地方選挙があり、「緑の党」が大躍進しました。連邦国家なのでそれぞれの州が強い力を持っていて、州議会で多数を獲得した党のトップが州の首相になるという仕組み。反原発、エコロジーなど環境問題を掲げる「緑の党」が大いに票を獲得したのです。

アンゲラ・メルケル首相は右派のキリスト教民主同盟の党首で、原発推進派として稼働年数を延長する政策をとってきたのですが、世論の勢いには勝てず、脱原発を宣言せざるをえなくなりました。

彼女はドイツ初の女性首相なのですが、もともとは旧東ドイツ育ち。理科系の大学を卒業し、東ベルリンの科学アカデミーの研究員でした。そのため、当時は政治にかかわらずにいたのが幸いして、のちに政治家になることができたといえるでしょう。もし仮に文科系のエリートコースを歩んでいたとしたら、共産党幹部になるのは必至。東西ドイツが統一されたときに責任をとらされているはずで、首相になるチャンスはまずなかったとも考えられます。

ちなみに、福島での事故後、国民投票で脱原発を決めたイタリアのシルヴィオ・ベルルスコーニ首相も原発推進派でした。しかし、「(技術力の高い)日本人が制御できないような原発はとても危険」、つまり自分たちでは手に負えないという国民の正直な意見に負けた形です。

福島の原発事故で、遠いヨーロッパの国々は相次いで原発政策の見直しが図られているのですが、当の、日本は……。

「ベルリンの壁」とは

第二次世界大戦で敗戦国となったドイツ（当時はドイツ共和国という一つの国でした）は、ドイツ連邦共和国（西ドイツ＝資本主義）とドイツ民主共和国（東ドイツ＝社会主義）という二つの国家に分断されました。東ドイツ側にあった首都ベルリンを、東半分はソ連が支配、西半分はイギリス、アメリカ、フランスの三カ国で分割したのです。

そして一九六一年、「ベルリンの壁」が東西ベルリンの境界に築かれることになります。勘違いしやすいのですが、ベルリンの壁は、東ドイツと西ドイツの境界ではありません。西ベルリンの街は、東ドイツの中に飛び地として存在したのです。イギリス、アメリカ、フランスの占領地域である資本主義の西ベルリンは、周囲をすべて東ドイツに囲まれた「自由の島」となりました。すると東ドイツ国民の西ベルリンへの逃亡が相次いだのです。住民流出に危機感を抱いたソ連と東ドイツ政府は、この逃亡を防ぐために、西ベルリンをぐるりと壁で囲みました。周囲の東ドイツ地域から分断したわけです。こうしてベルリンの壁ができました。

東ドイツの人々にとって壁は自由への、高いハードルでした。それでも、なんとかして壁を乗り越えて西側に亡命したいと願う人々が大勢いました。車のエンジンルームに身を潜めたり川を泳いだり、気球や軽飛行機を使ったり、あらゆる手段で東から脱出しようとしました。でも大半は壁をよじ登って越えようとしたのです。もちろん東ドイツ側も亡命者を見逃しはしません。壁の東側部分は幅一〇〇メートルにもわたって何もつくられていませんでした。亡命者を発見して射殺するために。

いま、壊されたベルリンの壁はどうなっているでしょう。

全長は一六〇キロメートルぐらいあって遊歩道として整備されていますが、ほとんどは郊外になります。市街だと、ブランデンブルク門から南下してポツダム広場方向、そこから東に折れて連邦印刷所へと向かうあたりがわかりやすいでしょう。道路に石で埋めた線が続いています。これが壁の跡です。

道に沿って、ホロコースト追悼碑、亡命者を見つけるための監視塔、壁博物館などがあるので、立ち寄ってみてください。

旧東ベルリンと旧西ベルリンの見分け方

壁の崩壊によって、東側は急速な変容を遂げています。一〇〇メートル分空いていた帯状の地帯にデパートやらオフィスビルやらが次々に建ち、東ベルリン時代の名残は消えています。西だったのか東だったのか、わからなくなっているぐらいです。

でも、それがわかる面白いものがあります。その名は「アンペルマン」。東ドイツの信号機に使われていた「歩け」と「止まれ」の標示デザインです。帽子をかぶったおじさん（?）がいかにも動き出しそうなのが緑色で「歩け」、両手を横に広げてストップをしているような赤いのが「止まれ」。

日本でも使われているようなマークの信号機だったら、自分のいる場所は旧西ベルリンで、アンペルマンだったら旧東ベルリンというわけです。ベルリンの壁をちょうどまたぐような横断歩道の信号だと、両方見ることができます。

もう一つは夜の色。旧西ベルリンには現在も多くのガス灯が残されています。ベルリンの壁があった当時、西ベルリンの電力は東ベルリンからの供給に頼らざるをえない状況でした。そこで電力の消費を極力抑えるために、街灯をガス灯にしたのでした。一方の東ベルリンは潤沢に電力があったため、街灯にはナトリウムランプが使われました。これによって、ベルリンの夜は、旧東側は黄色っぽく、旧西側は白っぽいのです。これは、国際宇宙ステーションから見てもわかるそうです。夜散歩に出て、街灯の色が変わったな、と思ったら、そこが東西の境目なのです。

散歩するなら

ウンター・デン・リンデンという素晴らしい通りがあります。菩提樹の道。古代ギリシャのパルテノンをモデルにした凱旋門がブランデンブルク門ですが、ここから通りを散歩してみましょう。ここは旧東ベルリン側です。国立図書館、フンボルト大学、国立歌劇場、ドイツ歴史博物館、そしてベルリン大聖堂。さらにペルガモン博物館（古代オリエントの地で発掘された『ゼウスの大祭壇』で有名）、ボーデ博物館（ビザンチン美術コレクション）と見どころが集まっています。

旧西ベルリン側だと、広大な動物園とカイザー・ヴィルヘルム記念教会。この教会、第二次世界大戦中に戦災で半分ほど破壊されたのですが、戦争の悲惨さを伝えるために、敢《あ》えてそのままの形で保存されています。近くにはブランドショップや市場やカフェも立ち並びます。

歩き疲れたら、もちろんビールでひと休み。ビールとソーセージと、初夏ならホワイトアスパラガス、これははずせません。ジャガイモ料理やザワークラウトも有名ですが、個人的には断然こちら。

ところで、ビールを注文したら、グラスをよく見てください。目盛りの線がついています。その線の高さちょうどにビールが注がれているはずです。なかなかビールが来ないなと思っていると、その線ぴったりにするために泡が消えるのを待って、それからまた注ぎ足して、また待って……。時間がかかるはずです。几帳面な国民性がこんなところにもうかがえます。

休むときは休む

正確、清潔、勤勉。第二次世界大戦に敗れてから見事に復興したドイツと日本の共通点でしょう。ドイツでは自動車産業が経済活性化の中心となりました。フォルクスワーゲン、メルセデス・ベンツ、アウディ、BMW、ポルシェ、皆さんご存じですよね。車を製造するということは多数の部品工場もあるわけで、産業の裾野が広がります。それに、東ヨーロッパのようなかつて社会主義だった国々では、教育水準が高い一方、経済的に遅れていたので、人件費は安価でした。そういう労働力の宝庫である旧東ヨーロッパに工場を建設し、品質管理のしっかりした車をつくることができるのです。

現在、ユーロ圏ではアイルランド、ギリシャ、ポルトガル、スペインなど財政が傾いている国がユーロ安を招いていますが、そのせいでドイツ製品が手に入りやすくなり、大いに売れています。ドイツの独り勝ち状態です。もしドイツが、共通通貨のユーロではなくてマルクを使っていたとしたらマルク高になっていたはずで、ここまでの輸出の伸びはなかったでしょう。

メルケル首相が、ギリシャに対して、「もっと働きなさい。あなたたちを援助するこちらも大変なんだ」と言ったという話もありますが、実情は、ユーロ安のおかげでドイツ経済は好調を維持しています。

ユーロの経済不安定国には働けとハッパをかけていますが、そのドイツ人はしっかり休みをとります。よほどでないかぎり、残業もしません。ということは働き方の密度が濃いわけで、朝、出社してきたらまずお茶を飲んで新聞広げて……、ということはありません。勤務時間内には目いっぱい働き、終わったら、さっさと帰る。

ドイツ人と気質が似ているといわれる日本人としては、こういうところこそ見習ってもいいのではないでしょうか。

ローマ

【国　名】イタリア共和国
【公用語】イタリア語
【通　貨】ユーロ

史上最年少首相

二〇一四年二月、イタリアで史上最年少の首相が誕生しました。民主党のマッテオ・レンツィ、三九歳（当時）。フィレンツェの出身でフィレンツェ県知事、フィレンツェ市長を経て第六三代のイタリア閣僚評議会議長（首相）に就任しました。ツイッターマニアでそのフォロワーの数は九〇万人以上、歴代首相のなかで初めて議会にノートパソコンを持ち込むなど、新しい世代の風を政界に吹き込みました。

レンツィはフィレンツェ市長時代から行政改革に取り組み、市会議員の定数を半分にするなど経費削減を実行。その一方で福祉施設を充実させて、待機幼稚園児を九〇パーセント減らしました。こういった改革が国政レベルで通用するかどうか、注目が集まるところで、彼はさっそく内閣の定数削減に着手し、レッタ首相時代に二一だった閣僚数を一六に削減しました。閣僚の半数が女性で平均年齢は四七・八歳（発足当時）です。民主党内でも、長老たちを「老害」だとして一掃し、旧体制をことごとく変えようとするところから「壊し屋」というニックネームをマスコミにつけられていました。

「PIGS」というのは、経済の落ち込みを自力で回復させることが難しいといわれる国の頭文字を並べたもので、Pはポルトガル、Iはイタリア（アイルランド）、Gはギリシャ、Sはスペインを表しています。二〇一〇年にギリシャの経済破綻がユーロ危機を招き、大きな問題になりました。このありがたくないグループに入ってしまったイタリア経済の落ち込みも顕著で、若者の失業率は四〇パーセントを超えるともいわれています。

スキャンダルにまみれながらも一〇年も政界に君臨したベルルスコーニ時代から、短命だったモンティ内閣、レッタ内閣を経て、若者層の支持を得て発足したのがレンツィ内閣でした。しかしレンツィ首相は二〇一六年一二月に辞任し、ジェンティローニ政権となりました。政治の安定は来るのでしょうか。

もう一つの「国」

若きマッテオ・レンツィ首相が住んでいたのがキージ宮。これがイタリアの首相官邸で、ローマ市の中央、トレビの泉の近くにあります。一五八〇年にできた五階建ての建物ですが、歴史の街ローマにあっては目立たない存在で、警備の厳重さからそれとわかる程度です。

そのキージ宮の西、テベレ川を越えたところにあるのが、ローマにあるもう一つの「国」、バチカン市国。まず訪れてほしい場所の一つです。バチカン市国はカトリックの総本山であり、一九二九年の「ラテラノ条約」で、イタリアによって独立国家として承認されました。世界最小の国で、広さは日本の皇居のおよそ三分の一。八〇〇人ほどの「国民」のほとんどが聖職者か修道士、修道女で元首はローマ教皇（法王）です。現在は、アルゼンチン出身の第二六六代フランシスコ教皇が治めています。

バチカン市国の代表的な建造物には、サン・ピエトロ大聖堂、バチカン宮殿、システィーナ礼拝堂、バチカン美術館などがあり、一般に公開されています。

ローマ教皇はコンクラーベといわれる選出法で選ばれ、これが行われるのがシスティーナ礼拝堂です。コンクラーベとは「鍵のかかった」という意味で、かつて、投票権を持った枢機卿《すうききょう》たちはこの礼拝堂内に閉じ込められ、外部との接触を断たれたことからこの名前がつきました。聖域には似つかわしくない要塞のような簡素で重厚な建物ですが、そのなかに入ると印象は一変します。壁面のフレスコ画はボッティチェッリやロッセッリなどのルネサンス期の画家たちの手になるもので、鮮やかな色使いには息をのみます。天井を見上げると、そこにあるのがミケランジェロの『創世紀』。いまにも飛び出してくるような躍動感に圧倒されます。祭壇画の『最後の審判』、サン・ピエトロ大聖堂にある『ピエタ』像もミケランジェロ。バチカンが誇る世界の宝です。

教皇庁の衛兵たちはすべてスイス人。スイスのカトリック教会から選ばれたカトリック教徒の青年たちです。イタリアにあってなぜ衛兵がスイス人かというと、一六世紀にバチカンが神聖ローマ帝国軍に侵攻されたとき、スイスの衛兵が当時の教皇を命懸けで守ったことから、名誉ある伝統職として現在に至っているのです。

映画を歩く

ローマといえば、映画『ローマの休日』を思い浮かべる人も多いことでしょう。

某国の王女アン（オードリー・ヘプバーン）がローマで滞在していた大使館というのは、バルベリーニ宮殿。いまは絵画館になっています。大使館を抜け出したアンが髪を切ってから初めて訪れたのが、トレビの泉。ちなみに、観光客が投げ入れたコインは清掃業者が回収して、福祉施設に寄付しているそうです。ジェラートを食べたのは、スペイン広場。現在、ここでの飲食は禁止されています。そして、眠り込んでいるアンを新聞記者のジョー（グレゴリー・ペック）が見つけたのは、フォロ・ロマーノの凱旋門のそばでした。ここで二人は出会い、スクーターのヴェスパに乗って市中を巡り、やがて恋に落ちるという展開です。

二人が最初に訪れたのが、円形闘技場であるコロッセオ。映画『グラディエーター』でもおなじみです。パラティーノの丘から眺める元老院はシェイクスピアの『ジュリアス・シーザー』のなかでシーザーが暗殺された場所。そして、「真実の口」。口のなかに手を突っ込むと、嘘つきはかまれるという伝説がありますが、この正体は古代ローマのマンホールの蓋《ふた》だそうです。

映画といえば、世界的ヒットとなった『ダ・ヴィンチ・コード』に続く『天使と悪魔』は、全面的にローマを舞台にしていて、ロケ地のツアーも組まれているほどです。まだまだ名所は尽きませんが、手っ取り早く回るにはヴェスパ・ツアーというスクーターでの観光もあります。運転手付きですから、後部座席のあなたはアン王女気分に浸れそうですね。

エスプレッソを飲みながら、永遠の都を味わう

イタリアには五〇を超える世界遺産があり、その数は世界一。そのなかの一つが「ローマ歴史地区、教皇領とサン・パオロ・フオーリ・レ・ムーラ大聖堂」という名称で、ローマ市内に歴史的建造物が七カ所もあります。しかし、見どころはこれにとどまりませんし、さらに食べ物やワインなどの楽しみもあります。

そういえば、ローマからイタリア南部に続くアッピア街道という古代の道があります

が、いまも幹線道路として使われています。この道をつくるにあたって、頑丈であることと機能性が優れていることに加えて、「美しいこと」が条件にされたという話もあります。「すべての道はローマへ通ず」といわれるほど、ローマ帝国時代にはここが世界の中心だったわけですから、その名に恥じない都市づくりがされていたということが伝わってくるようです。

イタリアには有名なファッションブランドが多くありますが、最近では中国製などの安いファストファッションがどんどん進出してきて、老舗の経営が苦しくなってきています。廃業に追い込まれそうになると、中国企業がデザインの権利までまるごと買うなんてことが起きているようです。時代の流れではあるけれど、イタリア人のセンスだけは永遠であれと願わずにはいられません。

バチカン

【国　名】バチカン市国
【公用語】ラテン語、フランス語、イタリア語
【通　貨】ユーロ

「法王」か「教皇」か

ローマに行ったら誰もが訪れる場所、それがバチカン。観光客も自由に出入りできますが、そこは「バチカン市国」という、世界最小の独立国家です。

二〇一三年の三月、バチカンが何度もニュースで取り上げられました。「コンクラーベ」という枢機卿たちによる選挙で、新しい法王が決まったのでした。

新法王は、日本では「フランシスコ一世」と報じられましたが、これは正しくありません。同じ「フランシスコ」という名前で二世の法王が出現したときに初めて、先代が「一世」と呼ばれるわけです。つまり正しくは、「フランシスコ法王」。

ところで、もう一つ、混乱しやすいことがあります。私たち日本人は、普通「法王」と呼んでいます。しかし、世界標準に従えば「教皇」です。王様や君主のイメージでは

なく、教え導く立場なのだから「教」のほうがふさわしいというのが、バチカンの考え方です。先々代の法王ヨハネ・パウロ二世が来日した一九八一年に、「法王」ではなく「教皇」に統一するということを、日本のカトリック中央協議会が決めました。

しかし、日本政府は「日本における各国公館の名称変更は、クーデターなどによる国名変更時など、特別な場合以外は認められない」という方針です。ですから、日本にある「ローマ法王庁大使館」も「法王」を使っていますし、「ローマ法王」という言い方も変わっていません。マスコミなど、メディアもこれに従っているというわけです。

名前のとおり清く貧しく

コンクラーベで選ばれたフランシスコ法王は、アルゼンチンのブエノスアイレス出身。アメリカ大陸出身者として初の法王です。イタリア系移民の家に生まれ、苦学して大学を卒業すると、神学の教授や司祭の経験を重ねました。枢機卿に任命されてからも、小さなアパートに住んで、公共の交通機関を通勤に使っていたそうです。

フランシスコという名は、清貧と平和の使徒にして自然と一体化した聖人「アッシジの聖フランシスコ」に由来します。新法王は就任式で「弱者と環境を守ることが、死と破壊に勝利する方法である」と述べましたが、そこには聖フランシスコへの尊崇の念が強く感じられました。

現在の住まいは、教皇宮殿ではなく、コンクラーベに出席する枢機卿たちが宿泊する館の一室。法王の金の指輪を金メッキの指輪にし、自らは「ローマ司教」を名乗り、さらに法王専用の高級車にも乗らないなど、謙遜と質素がモットーの法王です。夏にはローマ郊外にある別荘で過ごすのがこれまでの法王ですが、フランシスコ法王は行きません。そのため、信者や観光客が来なくなった別荘周辺は商売にならないと嘆いているとか。

また就任式では、「私の任命を祝うためだけにローマに来ることはありません。代わりに、飛行機代を貧しい人々に寄付してください」と呼びかけ、従来の法王とは大きく違った印象を世界に与えています。

長い歴史を経て独立国家に

三二六年、当時のローマ帝国皇帝コンスタンティヌス一世が、使徒ペテロの墓があると伝えられてきたこの地に、最初の教会堂を建てたことがバチカンの始まり。もともとの地名が「ウァティカヌスの丘」だったことから、バチカンになったそうです。その後、ここに住んでいたローマ司教がカトリック教会に強い影響力をもつようになるに従い、カトリックの本拠地となります。

法王は一〇〇〇年ほどの間、ローマの宮殿に居住していましたが、やがてバチカンのなかに宮殿を建てて、ここに住まうようになりました。一九世紀半ばまで広大な領地を持っていたものの、やがてイタリア王国がすべての領地を接収して、バチカンをイタリア領とすることになりました。

当然、当時の法王はこれに反発します。法王庁とイタリア政府の対立は五〇年も続きましたが、一九二九年、ようやく両者の間で合意が成立。法王側は法王領を放棄する代わりに、バチカンを独立国家とすることになったのです。

バチカン市国の統治者は、ローマ法王です。ローマ法王庁の最高責任者は国務長官であるとか、実際の統治は行政庁長官およびバチカン市国委員会委員長が行うとか、いろいろな役職があるのですが、つまるところ、ローマ法王が国のトップであるということ。政教一致の国家なのです。

パスポートは不要

東京ディズニーランドよりも小さい、あるいは、皇居の三分の一ぐらいなどといわれる国土の住人は八〇〇人前後。その大半は聖職者や修道士、修道女です。城壁内で暮らしている人以外の、一般職員は「国外」のイタリアに住んで、そこから通勤しています。

バチカンの入国にはパスポートは不要。城壁内にはガソリンスタンドやスーパーマーケット、郵便局もあります。

郵便局といえば、切手の販売はバチカンの大きな収入源であり、ここでは外国の切手は使えません。ローマの市民たちが外国へ郵便を出すときには、バチカンまで足を延ばして切手を買い、ここのポストに投函するのだそうです。ローマからよりバチカンで投函したほうが、郵便がはるかに早く着くという話です。

ローマには、バチカンのラジオ放送局もあります。短波で、日本向けの放送もしていますが、いまやインターネット時代。先代のベネディクト一六世が開設したツイッターアカウントを法王専用にして、現在のフランシスコ法王も引き継いでいます。

数々のスキャンダル

国家といっても、基本的に経済的利益を追求する産業らしいものはありません。では何から収入を得ているのかといえば、切手の販売やバチカン博物館の入場料、出版物の販売、そして、世界中のカトリック信徒からの募金です。

俗に「バチカン銀行」と呼ばれている「宗教事業協会」は、長い間、資金の運用と調達をイタリアの銀行にまかせていました。ところが一九八〇年代にマフィアなどが関係した使途不明金やマネーロンダリングというスキャンダルが次々と起りました。

二〇〇九年と二〇一〇年にも違法な取引にかかわったことが発覚し、二〇一三年の五月、独立機関の聖座財務情報監視局は、二〇一二年にも六件のマネーロンダリングの疑いがあると発表しました。

さらに、性的なスキャンダルまでが取りざたされました。世界各地で、神父が少年たちにセクシャルハラスメントを行った事件が露呈し、大問題になったのです。

これらの不祥事に、ベネディクト前法王は有効な手を打てませんでした。七六歳という高齢にもかかわらずフランシスコ法王が選出された背景には、その人柄で諸問題に対処してほしいという期待もあるはずです。

世界の至宝

バチカンで観光客が立ち入れる場所は制限されています。サン・ピエトロ広場、サン・ピエトロ大聖堂、バチカン博物館の周辺だけです。けれども、こんな狭い区域ながら、世界の至宝の数々がぎっしり詰まっています。

半円形の回廊にぐるりと囲まれたサン・ピエトロ広場。巨大なオベリスクと聖人像が飾られた円柱が見事です。広場の正面には、サン・ピエトロ大聖堂。この大聖堂を建てるにあたっては、「免罪符」を大量に発行しました。つまりこれを買って建設費の協力をしてくれた人の罪は許されるであろう、ということ。このカトリックのやり方に異を唱えたのが、後にプロテスタントと呼ばれることになった人々だったのです。

現在、ヨーロッパでは、カトリックに限らずキリスト教徒そのものが減ってきています。生まれたときには洗礼を受けたけれど、大きくなると教会には行かないという、「宗教離れ」も目立ちます。信者が少なくなり、教会が維持できなくなるという事態に陥って、教会そのものがイスラム教のモスクになったり、地域の集会所や医療機関の施設へと姿を変えたりしているのも現状です。

ヨハネ・パウロ二世の時代に、イスラム教徒との対話などで宗教対立をなくそうという試みがなされていましたが、これをまた復活したいという意向もあるようです。また、前法王の時代まで、カトリック教会は中絶や同性愛を禁止してきましたが、フランシスコ法王は、異なる意見への非難よりも思いやりを強調すべきだと発言し、柔軟な姿勢を示しました。

資金運用のクリーン化も含め、フランシスコ法王は次代を託されたのです。サイズは本当に小さな国ではあるけれど、世界に発信していく影響力は確実にあるわけですから、今後もその動向から目が離せません。

コペンハーゲン

【国　名】デンマーク王国
【公用語】デンマーク語
【通　貨】デンマーク・クローネ

福祉大国の理由

「ゆりかごから墓場まで」という言葉を一度は耳にしたことがあるでしょう。第二次世界大戦後、イギリスの労働党が掲げたマニフェストにある言葉で、万全の社会保障制度を象徴したものです。現在それが実践されている国は、数えるほどしかありません。その数少ない国の一つがデンマーク。幼稚園から大学まで学費も無料、医療費も無料、出産費用も介護費も基本的に無料。

これだけの世界最高水準の福祉がなぜ可能なのか。その答えは、高い税金です。たとえば消費税は食料品も含めて一律二五パーセントですし、所得税や住民税などを合わせるとおよそ五〇パーセント。つまり、所得の七〇パーセント以上を税金として納めているのです。二桁の消費税に色めき立つ日本人から見れば信じられない数字ですが、デンマークでは税金に関する発想がまるで違うのです。

彼らにしてみれば、税金とは国に貯金をするようなもので、その税金が現在と将来の生活の安定を保障してくれると考えます。だから国は、国民の税金をしっかり守り、適切に使うことを期待されます。よって国民はつねに政治や行政を監視しながら、自分たちの貯金が有効に使われていることを確認しているのです。政治に対する関心も高く、さまざまな選挙の投票率がつねに八〇パーセントを超えるというのもうなずけます。

政治と国民の関係が、どうも日本とは逆の方向に回転しているように思えてなりません。

原発ゼロ!

この国ではどこへ行っても自転車利用者が多いのに気づくと思います。日本でもかなり増えてきましたが、大きく違うのは車道と歩道の間にちゃんと自転車専用道路があるところ。しかもハイスピードで走るレーンと、低速で走るレーンの二車線が設けられています。朝の通勤時間になると、ものすごい数の自転車が専用レーンを駆け抜けていきます。国会議事堂の前にも巨大な駐輪場があり、大半の国会議員が自転車を使っています。しかも「グリーンウェイブ」というシステムがあり、時速二〇キロで走れば、どの信号も青になるように時間が計算されているそうで、いかに自転車が優遇されているかがわかります。

「シティバイク」というレンタサイクルも盛んで、旅行者にも重宝されています。自転車のある専用ステーションにお金を入れると開錠され、その自転車を自由に使えます。使い終われば、別のステーションに返してもかまいません。鍵をかければお金が戻ってきます。乗り捨て自由の無料自転車です。このシステムの運営は、自転車の車体にある広告収入でまかなわれているそうで、これもじつに合理的です。

一方自動車は国産車がなく、すべてが輸入車のため高級品です。自動車には消費税のほかに贅沢税《ぜいたくぜい》もかけられ、購入するにも維持にもお金がかかります。日本の乗用車だと倍近い値段になるそうです。

自動車よりも自転車というくらいですから、国民のエネルギー資源への関心の高さがうかがえます。

もともと石油は海外からの輸入に依存していたのですが、中東戦争をきっかけにその政策を見直しました。北海油田の開発に取り組み、風力発電やバイオガスの開発に力を注ぎ、現在ではエネルギー自給率は一〇〇パーセントを超えるまでになりました。とくに風力発電は自給率の二〇パーセント以上を占め、出資者を募って建設をする「風力発電ファンド」も盛んに行われています。ですから、周辺の国々が原発建設を進めても、デンマークでは手を出さなかったのです。

人気の北欧インテリア

コペンハーゲンの名は「商人たちの港」というデンマーク語に由来するそうですが、現代はデザインの街といっても過言ではないでしょう。アルネ・ヤコブセンやハンス・J・ウェグナーなどに代表される世界的デザイナーの作品を街のいたるところで目にすることができます。そのコンセプトの原点は「古い物」にあるそうで、長く使ってきた物の実用性や機能性を大事にしながら、飽きのこない美しさを追求するのだそうです。北欧のデザインに興味のある人は、まずコペンハーゲンに来るといわれ、「デンマーク工芸美術館」や「ダンスク・デザイン・センター」など、見どころが充実しています。

そして誰もが訪れるのがチボリ公園。コペンハーゲン中央駅のすぐそばにある市民の憩いの場でもあります。国王クリスチャン八世からこの土地を借り受けたゲオ・カーステンセンが、「階級の差なく市民の誰もが楽しめる場所」を目指して、一八四三年に開園させました。『人魚姫』で有名な童話作家ハンス・クリスチャン・アンデルセンもしばしばここを訪れ、作品の構想を練り、ウォルト・ディズニーもこのチボリ公園に刺激を受けてディズニーランドをつくったといわれています。

またここには「アンデルセン・ベーカリー」があります。コペンハーゲンでアンデルセンなら当たり前、と思われるかもしれませんが、実は日本のパン屋さんの支店。創業者がホテルで出合ったパンに魅せられ、その美味しさを伝えたのが日本で最初のデニッシュペストリー。そして五〇年を経て、デンマークに学び、日本で育ったパンが、里帰りしたのでした。

コペンハーゲンらしい景色ならニューハウンでしょう。アンデルセンも愛した港で、運河沿いには色とりどりの建物が並び、帆船が繋《つな》がれています。運河を巡るツアーもあり、水上から眺める街並みもおすすめです。

ストロイエは、市庁舎前広場からコンゲンス・ニュートー広場まで続くショッピングストリートで、世界で最初の歩行者天国ともいわれています。日本にもファンの多いロイヤル・コペンハーゲンやブティックなどが並び、午後から夕方にかけてはミュージシャン、ジャグラー、マジシャンなど路上パフォーマーの舞台にもなります。

幸福度世界一の国が抱える問題

世界最高水準の社会福祉国家にして、国民の所得格差が世界最小、そして「幸福度」世界一。ちなみに幸福度とは、医療、教育、環境、経済などのデータをもとにして表されたものです。「豊かな国」より「幸福な国」、これがデンマークの人々の根底にあるようです。

しかし、この国にも問題がないわけではありません。それは移民。デンマークはデンマーク人の単一民族国家で、人口の九〇パーセント以上を占めています。残りが移民系ですが、特に近年になってアジアや中東からの移民が急激に増えています。当初は移民に寛大でしたが、その数が増え、独自のコミュニティをつくるようになると、話は違ってきます。なかなか職を得ることができず、税金も払わない移民たちに反感も生まれます。そんな事態から、デンマークはヨーロッパ一、移民審査が厳しい国になりました。今後は、国内の移民たちとどう折り合っていくかが課題のようです。

二〇一六年一月、デンマーク議会が、難民申請者に滞在費用を負担させるため、所持品を調べて金品を押収する権限を警察に与える議案を可決し、国連をはじめ人権団体などからの批判が高まりました。難民申請者が所持する現金や貴重品のうち、約一七万円を超える部分を没収し、難民の滞在費用に充てるとデンマーク側は主張しています。これもある意味で、デンマーク的な税の徴収と再配分といえるかもしれません。

ミュンヘン

【国　名】ドイツ連邦共和国
【公用語】ドイツ語
【通　貨】ユーロ

古きを愛する市民

ＢＭＷの本社があり、ナチスが生まれた街。それがミュンヘンです。ミュンヘンの地名は、「僧」に由来しています。一〇世紀にキリスト教ベネディクト派の僧侶がつくった集落が起源で、「僧侶の住むところ」という意味だそうです。

そんな地味な土地が飛躍的に発展したのは一二世紀半ば。神聖ローマ帝国の領邦君主のひとりザクセン公（ハインリヒ三世）が、この町を流れる川に新しい橋を架け、塩を取引するためには必ずここを通らなければならないことにしました。その通行税によって、大いに潤ったのです。

繁栄の第二章は、ヴィッテルスバッハ家の統治時代。一一八〇年、追放されたハインリヒ三世と入れ替わって登場したヴィッテルスバッハ家がその後七〇〇年もの間、ミュンヘンを中心にバイエルン地方を支配下に置きました。

交易の要所であり、貨幣の鋳造、市場などで発展していった町は、やがて城壁を巡らせた都市となり、王の居城（レジデンツ）も築かれました。芸術と学問の都となった一六世紀にはビールの醸造も始まり、一七〜一八世紀には「ドイツのローマ」と呼ばれるほど、バロック様式の建物が建てられました。そして一八〇六年、バイエルン王国の首都になり、歴代の王たちが芸術や科学技術を好んだおかげで、文化の中心地として繁栄してきたのです。

しかし、二〇世紀に入ってからは苦難が続きます。第一次世界大戦のときには、連合国によって食料や燃料の封鎖が行われたり、空襲を受けたりして、街は疲弊します。さらに、ヒトラーが率いる国家社会主義ドイツ労働者党（ナチス）がこの地に生まれて拠点を置いたため、第二次世界大戦では、連合国側の激しい空爆にさらされることになりました。

ミュンヘンの街はことごとく破壊され、戦後のミュンヘン市民は復興に立ち向かうことになります。このとき、多くの建物を近代的なビルにつくり替えることは可能だったはずですが、ミュンヘン市民が望んだのは、街の復元でした。中世の街並みを、当時のままに再建することにこだわったのです。それこそコツコツと、いかにもドイツ人らしいきまじめさと手堅い作業とで、「古きよき時代」を再現したのです。

中世の景観をよみがえらせた街

その代表的なものが「グロッケンシュピール」。ネオゴシック様式の新市庁舎の塔にある仕掛け時計です。一九〇八年、新市庁舎と同年に完成したもので、王様、騎士、ビール樽《だる》の職人など、三二体の人形が次々と現れて、人々の目を楽しませてくれます。

新市庁舎が面しているのがマリエン広場で、ここが街の中心。ミュンヘン観光の基点になります。広場の周辺には、フラウエン教会、聖ミヒャエル教会、レジデンツなどの見どころが集中していて、旧市街の核のようなエリアになっています。

レジデンツはヴィッテルスバッハ家の栄華の神髄。ここも第二次世界大戦で大きな被害を受けました。何代にもわたってルネサンス、バロック、ロココなどの様式を取り入れて増改築されてきた居城で、複雑な構造になっていましたが、四〇年もの歳月をかけてほぼ元どおりに修復されました。内部は「レジデンツ博物館」と「レジデンツ宝物館」として公開されています。

戦争の被害から免れたのは、ニンフェンブルク城。もとは別荘として建てられたので、ちょっと郊外にあります。左右対称のバロック様式の、非常にきっちりとした印象の外観なので、「妖精（ニンフェ）の城（ブルク）」という名前が似合っているのかどうか……。でも、城内は優雅そのものです。

科学も芸術も

バイエルン州のシンボルカラーである青と白は、ヴィッテルスバッハ家の紋章から取り入れました。このツートンカラー、見覚えがありませんか？　そう、ドイツの代表車の一つ、ＢＭＷのエンブレムの色。ミュンヘンに本社があるのです。エンブレムの中央にある十字は飛行機のプロペラを表しています。まさに、飛行機のエンジン作りをしていたメーカーならでは。

ＢＭＷ本社は、四つの筒が集合したような形の高層ビル。筒のようなものは、エンジンのシリンダーからデザインされたそうです。往年の名車やオートバイも展示された博物館や巨大なショールームを見学することができます。

世界有数の自動車、重機械、機関車、さらには兵器のメーカーまでを擁し、バイオテクノロジーやＩＴ産業も盛んなミュンヘンは、ドイツを牽引する経済力を誇っているといっても過言ではありません。そんな科学と技術の歴史をたどるなら、ドイツ博物館がおすすめです。旧市街の東側、イーザル川の中州にあり、一九二五年に開館された世界最大級の自然科学・技術博物館です。東京ドームに匹敵する展示スペースには、一〇万を超えるコレクションのなかから一万八〇〇〇点が展示され、すべてを観るには一七キロメートルを歩かなければならないそうです。ライト兄弟が初めて空を飛んだ「フライヤーA号」や第二次世界大戦に使われたUボートもあります。

またミュンヘンは芸術の街でもあり、美術館も充実しています。「アルテ・ピナコテーク」は、ヴィッテルスバッハ家が収集したデューラーやベラスケスなど、一四世紀から一八世紀の美術品が展示されています。「ノイエ・ピナコテーク」は、ゴヤやセザンヌなどの一九世紀の絵画が中心。そして現代なら二〇〇二年にオープンした「ピナコテーク・デア・モデルネ」。二〇世紀から二一世紀の現代美術やデザインなどが展示されていて、ヨーロッパ最大規模を誇っています。

白ソーセージには白ビール

ミュンヘンでは何はなくともビールです。

世界でいちばん有名なビアホールといえば、「ホーフブロイハウス」。一五八九年からエール（茶色いビール）の醸造が始まった、まさにビールの聖地にして観光名所です。二階にはゆっくり食事ができるレストランもありますが、やはり本場のビアホール気分を味わうなら一階のホール。一三〇〇もあるテーブルは世界中からのビール好きで、昼夜を問わず賑わっています。名物のヴァイスヴルスト（白ソーセージ）にはヴァイスビール（白ビール）が合います。初夏の時期ならホワイトアスパラが最高ですね。ちなみに白ソーセージというのは、仔牛のすり身肉に香辛料やパセリを混ぜて腸詰にしたもの。

「白ソーセージに正午の鐘《かね》を聞かせてはならない」という言葉があります。冷蔵庫のなかった時代、日持ちのしない白ソーセージは午前中に食べるのが普通だったようです。ミュンヘンに限らず、ドイツの古い街でレストランに迷ったら、市庁舎の地下に行ってみてください。そこに「ラーツケラー」(市庁舎の地下室という意味)があれば迷う必要はないと思います。値段も手ごろで、土地の素材を生かした郷土料理がビールとともに堪能できます。

毎年九月後半から一〇月にかけて行われるミュンヘンの「オクトーバーフェスト」は世界的に有名なビール祭りです。広大な会場にはいくつもの巨大テントが設営され、ビール樽を積んだ馬車やブラスバンドによるパレードも行われ、連日飲んで歌っての大賑わいです。

大ざっぱですが、ヨーロッパの北部はまじめで堅実、南部はラテン系に代表されるように陽気でちょっといい加減な気質といえると思います。それがドイツ国内にもいえるのが面白いところ。まじめで職人気質のドイツにあって、南部バイエルン州の陽気で明るい空気がミュンヘンの親しみやすい風土を生んだような気がします。

チューリッヒ

【国　名】スイス連邦
【公用語】ドイツ語、フランス語、イタリア語
【通　貨】スイスフラン

「大金持ちの財布」としての都市

「スイスの首都はどこでしょう？」と聞かれて咄嗟《とっさ》に「ベルン」と答える人はそう多くありません。大半の人が「ジュネーブ」とか「チューリッヒ」とか答えます。おそらく、ニュースや新聞に登場する機会が、首都ベルンに比べて圧倒的に多いからでしょう。ジュネーブは、国連ヨーロッパ本部や赤十字国際委員会など国際的な機関が集結している街として有名です。チューリッヒはというと、世界の金融センターとして機能している都市なのでよく知られています。スイスは基本的に金融立国で、お金を動かすことによって成り立っている国で、その中心がチューリッヒです。

よく大金持ちが「スイス銀行」に預金するなどという話を聞きますが、スイス銀行というものはありません。金持ちのためのプライベートバンクがたくさんあるのです。小

さいものは、それこそ雑居ビルの一室みたいなところで営業しています。受付があり、口座番号を告げるだけでお金の出し入れができます。身元確認すらなく、手続きはいたって簡単。

でもそこでは徹底したプライバシー管理がなされ、預金者の信用を集めています。だからこそ、世界中の資産家や独裁者たちが、財産をスイスに預けたわけです。

ただ近年では、マネーロンダリングやテロ用の資金が流れている可能性もあり、明らかに犯罪に関与している疑いのある預金に関しては、警察の照会に応じるようにはなっているようです。

スイスフランは信用度大！

ヘッジファンドという言葉、日本でもポピュラーになりましたね。ヘッジ（hedge）は「生け垣」のこと。防御するとか、保護するといった意味もあります。

ヨーロッパではたびたび戦争が起き、そのたびにインフレになったりしてきたので、資産家にとって、その資産の価値が減らないようにどう管理するかが大事でした。つまり、ヘッジファンドは資産を「減らさずに守る」ということに重点が置かれていました。

そこで、プライバシー管理が厳重なスイスに預け、運用を任せるようになりました。

そして長きにわたる運用実績のおかげで、スイスフランは国際的な信用を勝ち得てきました。EU（欧州連合）に加盟することもなく、通貨をユーロにしなかったのは、その自信の表れでもあります。

ユーロ危機で狙われたのは「安全資産」とみなされていた「円」でした。ユーロの価値がどんどん下がり、円が買われて日本は円高で苦労します。スイスも同様だったのですが、中央銀行が無制限介入をしました。スイスフランが上がらないための防御策です。スイスフランの上限を設定し、「いくらでもユーロを買いますよ、そしてそれに必要なスイスフランもどんどん発行しますから」と宣言。その結果、どうなったでしょう。スイスフランを買っても値上がりが期待できないなら、大きな売買は得にはならないと市場は判断します。つまり当初は大量に介入するかに見えましたが、宣言をしただけで、それほどスイスフランを発行せずに済みました。現在は無制限介入を行っていません。日本もスイスのまねをすればよかったのにと思うかもしれませんが、もし実施したら世界から非難の嵐でしょう。「市場に任せるべきだ」という世界の流れに逆らうからです。

スイスが無制限介入できたのは、「わが道を行く」独立精神です。自国を守る意識が強いのです。そのあまり、ほかのヨーロッパの諸国から身勝手すぎると批判をされても馬耳東風、シビアな姿勢を貫いているようです。

わが道を行くといえば、お札もユニークです。絵柄の人物像や数字が縦に描かれています。だからといってスイスフランを使うとき、別に縦に差し出す必要はありませんよ、念のため。

資源なき山国の生きる道

スイスが金融立国になったのは、その国土と大いに関係があります。国のほとんどが山岳地帯なので、農業にも向いていないないし鉱物資源にも恵まれていません。あえて資源を挙げるなら酪農と岩塩ぐらいでしょうか。スイスという国名は、建国の中心的な役割を果たした地方の一つ、シュヴィーツ州からきています。シュヴィーツというのは、古いドイツ語で「酪農場」という意味の言葉に由来しているそうで、昔のスイスは、外国への傭兵派遣が盛んだったほど貧しい国だったのです。

神聖ローマ帝国時代、チューリッヒはアルプス山脈北側の交通の要衝で、商業や手工業を中心として経済的に発展しました。一三世紀にはハプスブルク家の支配下に入りますが、やがて住民たちによる自治運動が活発になってきます。一七世紀には織物業の一大生産地に。さらに時計などの精密機械産業も起こってきました。

商工業者や平民の自治意識の高さが民主化運動へと発展したことと、金融資本が発達したこととは無縁ではないでしょう。一九世紀には、ヨーロッパの金融関係の中心地の一つになったのです。

永世中立という難しい立場

スイスが永世中立国として認められたのは、一八一五年のウィーン会議でのことでした。第一次世界大戦のときにも中立の姿勢を維持したので、一九二〇年には国際連盟の本部がジュネーブに設置されました。ところが、第二次世界大戦後に設立された国際連合の本部はニューヨークになりました。その理由はというと、ドイツ、イタリア、日本などの枢軸国と連合国とが戦った第二次世界大戦のとき、スイスはドイツやイタリアと国境を接しながらも武装的中立を宣言しました。ところが戦後、中立違反があったのではないかという批判が噴出します。まったくの中立、公平とはいえなかったのではないかということで、ここに国連本部が置かれることはなかったのです。

国民投票の結果、二〇〇二年にスイスは国連に加盟しますが、考えてみるとこのこと自体「中立」ではなくなったということですね。

永世中立を守るというのは簡単なことではありません。スイスというと平和でのどかなイメージがありますが、国民皆兵、つまり自分たちで国を守る姿勢が徹底しています。二〇～三〇歳の男性には兵役の義務があり、女性は任意。成人男性のほとんどは予備役軍人で、国から銃が貸し出されていて有事の際には弾薬が支給されるシステムになっています。

スイスのどんな街でも土曜の朝は、徴兵制の軍事訓練で基地にいる若者たちが銃を肩にかけて電車に乗って家に帰るという光景が見られます。

スイスの軍隊はもっぱら「防御」に力を注いでいます。もし、どこかが攻めてきたら、こんな国を侵略するんじゃなかったという損害を味わわせるのが基本戦略だそうです。侵略国に対するしぶとい抵抗と国際的糾弾とを「武器」にしているのです。

鳩時計が象徴するもの

戦争の備えは食べ物にも及びます。戦争が起きたときのために、国を挙げて食糧の備蓄に励んでいます。蓄えられる農産物はすべていったん備蓄に回し、一年待ってから市場に出します。ですからとれたてのものは出回らないのが普通です。

スイスの名物というとチーズフォンデュを思い浮かべますが、これも保存食品のチーズを使っています。昔から酪農は盛んでしたから、代表的な伝統食といえるでしょう。これならどこのレストランでも食べられるかというと、そうではなく、専門店でなくては食べられないケースが多いようです。

街歩きの第一歩としては、高い場所から全体を見渡してみるのがいちばん。リンデンホフの丘か、ユートリベルクの山がいいでしょう。湖や川、旧市街や金融街などが見渡せます。時計塔のある聖ペーター教会、シャガールのステンドグラスのある聖母聖堂、旧市庁舎などの歴史的建造物も数多いし、街並みそのものが美しくて静かなので、ぶらり歩きにはぴったりです。ル・コルビュジェ・ハウス、デザイン美術館、ベイヤー時計博物館なども定番の見どころですが、金融都市だけに資産家の個人コレクションが多いのも魅力的です。

「イタリアではボルジア家三〇年の恐怖と流血の圧政が、ミケランジェロとレオナルド・ダ・ヴィンチとルネサンスを生み出した。スイスで五〇〇年にわたる民主主義と平和が生み出したものは何だ? 鳩時計だけだ!」。これは、映画『第三の男』の主人公ハリー・ライムのセリフです。なんともシニカルな言葉ですが、裏を返せばそれだけスイスが平和である証拠。そしてその平和は、天から降ってきたものではなく、国民の一人ひとりの「国を守る」という意識がつくり出してきたものだといえるでしょう。

アムステルダム

【国　名】オランダ王国
【公用語】オランダ語
【通　貨】ユーロ

オランダ人がつくった

「世界は神がつくったが、オランダはオランダ人がつくった」ということわざがあります。国土の四分の一が海抜ゼロメートル以下というオランダは、海岸沿いの湿地などを埋め立てて、国土そのものを自分たちでつくってきたのです。最古の堤防はローマ帝国時代ともいわれていますが、本格的に干拓が始まったのは一一世紀から一三世紀にかけてのこと。

以来、干拓と同時に運河を縦横に走らせて「水の都」をつくってきました。たとえば、アムステルダムの中心部には、王宮や歴史博物館のあるエリアを囲んで、幾重にも運河があります。この運河地区は世界遺産にも登録されており、観光名所の一つ。ちなみにオランダの地名の語尾によく見られる「ダム」という単語は、日本語にもなっている、水をせき止めるあの「ダム」を意味します。

また、土地の低さを防衛に利用する試みもありました。それがアムステルダムのディフェンスラインと呼ばれるもので、街の中心部を円で取り囲むように全長一三五キロメートルに達する堤防と四〇以上の要塞を築きました。敵が攻めてきた場合、この要塞の水門を閉じて、堤防の外側を冠水させるというものでしたが、完成の時期には戦争は航空機の時代になっていて、実際に使われることはなかったようです。

自分たちの国をつくったという自負は、自己責任意識の高い国民性にも表れており、だからこそ自由度も高いのでしょう。

鎖国時代の日本とオランダ

日本が鎖国を行っていた江戸時代、西欧諸国で唯一出入りを許されていたのがオランダでした。オランダ船は長崎に入港する前に、聖書や十字架を捨てたといわれています。基本的に布教活動を行わないプロテスタントであり、また「島原の乱」の際には幕府側につきました。

それほど日本との交易を望んだため日本側もそれを受け入れ、外国の情報をオランダからどんどん取り入れました。オランダは漢字だと「阿蘭陀」。その阿蘭陀のインテリジェンス（情報）が、いわゆる「蘭学」でした。当時の最先端の学問や技術は、近代日本へ向けての土台づくりに貢献したのです。「おてんば」はオランダ語で「手に負えない」を意味する「ontembaar」から転じたものですし、ランドセル、カバン、ビール、インク、ガスなどもオランダ語由来の日本語です。

第二次世界大戦時は、敵国同士。オランダが支配していたインドネシアを日本軍が占領し、オランダ人を捕虜にしたこともあって、戦後オランダの対日感情は悪化します。それが緩和されたのは、一九九一年にベアトリクス女王が来日してからのことでした。オランダの歴代元首としては初めてのことで、その翌年、長崎にオランダのテーマパーク「ハウステンボス」が開業し、女王の居住する宮殿の名前と建物の再現が許可されるなど、時を経て両国の関係も友好なものとなっていきました。

風車と自転車

オランダのシンボルといえば風車ではないでしょうか。風力で水車を回して水を送り出し、土地を確保しながらそのエネルギーで穀物をひいてきました。現在も一二〇〇基ほどの風車と水車が残っていますが、保存と修理にかかる費用は莫大で、資金集めに頭を悩ませているそうです。

その一方で近代的な風車が新しい景色をつくっています。それが風力発電。北海の洋上にずらりと並ぶ発電用風車はわれわれのイメージするオランダの風車と対照的です。

しかし、電力供給量では風力発電は全体の五パーセント未満。天然ガスの産出国であり輸出国でもあるため、大半は火力発電に頼っていて、ガス火力の発電は五五パーセント近くになっています。原子力発電はというと、一時は全体の三分の一までを原子力でまかなう計画がありましたが、チェルノブイリ原子力発電所の事故をうけ、現在一カ所が稼働しているにとどまっています。

干拓地が多いことからもわかるように、国土はほぼ平坦です。だから自転車が大活躍。自他ともに認める自転車大国でもあります。第二次世界大戦後は他のヨーロッパ諸国と同様に、オランダにも自動車があふれ、自転車は道路の端に追いやられました。しかし一九七三年の石油危機をきっかけに、政府は自転車重視のインフラ整備を押し出します。運河沿いに街路樹が並び、自転車専用道路がどこまでも続いています。

便利さと同時に、自然を生かすことと自然を壊さないことを同じテーブルにのせるこの国の人々の意識は、日本人も見習うところが多いと思います。

チューリップ・バブル

一七世紀の初め、オランダのチューリップはその美しさからヨーロッパ中の貴族に愛されるようになります。そこで、さらに高く買ってもらえるならと改良に力を入れ、さまざまな新種が誕生しました。すると、農家だけでなく、一般の人々もチューリップの売買に手を出すようになり、なかには一個の球根が、馬車や家と交換されるほど過熱しました。これがチューリップ・バブルです。しかしバブルははじけるもの。球根の価格は暴落し、多くの破産者を生みました。そして残ったのは花畑と栽培技術。いまでは世界の花市場の六割をオランダ産が占めています。

アムステルダムで花に圧倒されるなら、「アールスメア生花中央市場」でしょう。ここは世界最大級の花の市場で、ヨーロッパやアフリカから花が集まり、オランダの花が世界に出ていく場所で、その取引は一日に二〇〇〇万本ともいわれています。市場ですから見学は午前中。でも、早起きの価値はあります。

もし三月の終わりから五月の初めにアムステルダムに行くなら、キューケンホフ公園にもぜひ行ってみてください。世界的に有名な春の庭園で、七〇〇〇万株以上のチューリップやヒヤシンスなどが咲き乱れています。開園の時期には屋内の展示場でもさまざまな花のイベントが行われ、多くの観光客で賑わいます。

観て感じるアムステルダム

そしてオランダといえば、世界的な画家を生んだ土地。フェルメールとレンブラントなら「アムステルダム国立美術館」、ゴッホなら「ゴッホ美術館」で名画を堪能してください。また、サンクトペテルブルクにあるエルミタージュ美術館の分館としては世界最大の、エルミタージュ美術館アムステルダム別館もあり、オランダとロシアの歴史や文化に触れることもできます。

ドイツのユダヤ人迫害から逃れ、アンネ・フランクの一家がたどり着いたのもアムステルダム。旧市街の一角に一家が隠れ住んだ家が「アンネ・フランク・ハウス」として保存され、公開されています。『アンネの日記』の原本やノート、隠し扉の本棚とその向こう側の狭い部屋などの展示品に、過酷な当時がしのばれます。

アムステルダムからちょっと足をのばして、オランダ北西部の北ホラント州の都市、ベームスターにある「ベームスター干拓地」に出かけてみるのもおすすめです。

この土地こそが一六〇七年から一六一二年にかけてつくられたオランダ初の干拓地であり、当時の景観がそのまま残されていることから、ユネスコの世界遺産にもなっています。

ベームスターは、もともと食料確保の目的で開発された農地で、排水のために使われたのが風車の始まりでもありました。人と水との戦いの歴史の一コマであり、その意味では、オランダ農業の出発点であり、アメリカに次ぐ、第二の農業輸出国へと大躍進を遂げたオランダの底力が一望できるのではないでしょうか。

ブリュッセル

【国　名】ベルギー王国
【公用語】オランダ語、フランス語、ドイツ語
【通　貨】ユーロ

重要機関が集中

ベルギーは、北側をオランダ、東側をドイツとルクセンブルク、南西側をフランスに囲まれた小さな国です。その大きさは日本の関東地方ぐらい。ルクセンブルクもやはり小国で、ベルギーとオランダとルクセンブルクを総称して「ベネルクス三国」といいます。

小さな国ではありますが、ＥＵ（欧州連合）の本部はこのベルギーの首都ブリュッセルに置かれています。さらにＮＡＴＯ（北大西洋条約機構）の本部もこのブリュッセル。なぜヨーロッパの重要な機関がここにあるのか、それにはわけがあります。

その一つがＥＵ内大国の力関係。ＥＵの二大国といえばドイツとフランスで、そのどちらに本部機関を置こうとしても、必ずもう片方はそれを認めようとはしないでしょう。

となれば、大国の利害にあまり影響されない国が望ましいわけです。またもう一つはベルギーには自国語がなく、オランダ語、フランス語、そしてドイツ語が使われていること。一つの国に複数の言語圏があるのです。だから言語によって優位性を得ることができにくい場所とされたのです。この二点から白羽の矢が立ち、ブリュッセルは「欧州の首都」と呼ばれる主要機関都市となりました。

北部と南部の対立

ベルギーは一九世紀にオランダ（当時のネーデルラント連合王国）から独立した、連邦立憲君主制の国家です。単一国家ではあるけれども、北部のオランダ語系と南部のフランス語系の住民の対立が激しく、「言語戦争」といわれる状態が長く続きました。そこで一九九三年、オランダ語系のフランデレン地域とフランス語系のワロン地域、そしてブリュッセル首都圏地域などを中心とする連邦制になりました。

南北対立の主な要因は、経済的格差です。製造業やサービス業の発達した北部に比べると、石炭や鉄鋼業が衰えてしまった南部は経済成長率が低下しました。同じ国なら行き来を盛んにして格差を縮めていけばいいのにと思いますが、そうはいきません。たとえば南部の人が北部で働きたいと考えても、そこには言語の壁がありますから簡単に就職はできません。また北部の人たちには、自分たちが稼いだ金が税金で吸い取られ、南部の住人を養っているという意識があるようです。

南北の対立は政治にも色濃く反映されます。二〇〇七年の総選挙では、どの政党も過半数が取れず、かといって連立政権も組めないままになってしまいます。このため、本来なら政治には一切関与しないはずの国王が出て来ざるをえない事態になりました。二〇〇八年一二月、国王アルベール二世はフラマン系（オランダ語圏の一部）のキリスト教民主党のヘルマン・ファン・ロンパウに組閣を要請し、彼が首相に就任しました。日本のメディアではファン・ロンパイと称されています。

彼の人望と手腕のせいか、この時期のベルギー政界は少しずつまとまりをみせます。ところが首相就任から一年足らずでファン・ロンパイは欧州理事会議長（いわばEU大統領）の要請を受けることになるのです。大国出身の議長を望まない各国の思惑も働いたようですが、国内での求心力が認められての要請でした。

困ったのはベルギーの政界。ファン・ロンパイの前任だったイヴ・ルテルムが再び首相に就任しますが、オランダ語圏とフランス語圏の対立が激化してたちまち辞任。その後のエリオ・ディルポを首相とする連立政権ができるまで、なんと四五一日の政治的空白をつくってしまう結果になりました。この政治的空白による暫定政権の長さは、世界記録となる不名誉なものでした。

これほどの政治混乱や言語境界線を挟んでの対立がありながら、目立った暴動やトラブルがないのがこの国の不思議なところ。民度が高いともいえるかもしれません。「団結は力を生む」というのがベルギーの国家標語なのですが、そこまでの道程《みちのり》はなかなか険しそうです。

二〇一四年五月、連邦議会選挙において、オランダ語圏で新フランダース同盟が、フランス語圏では社会党が最大議席を獲得。一〇月、連邦議会で第一党となった新フランダース同盟とフランス語系自由党、オランダ語系自由党、オランダ語系キリスト教政党の四党による政権が発足します。首相には、フランス語系自由党のシャルル・ミッシェルが就任しました。シャルル・ミッシェルは当時三八歳で、史上最年少の首相でした。

チョコレートの聖地

「小パリ」とも呼ばれているブリュッセル。とくに「グラン・プラス」という広場とその周囲の歴史的建造物は世界遺産にも登録され、世界からの観光客を魅了しています。ブラバン公の館やブリュッセル市庁舎、市立博物館とならんで目を引くのがギルドハウスと呼ばれるいくつのも建物。

ギルドというのは、中・近世に繁栄した商業や手工業の同業者組合のことで、組合ごとにシンボライズした紋章を持っていました。華麗豪奢というよりも、さまざまなギルドによる意匠、紋章などの細工が見ものです。

またここは「チョコレートの聖地」ともいえるでしょう。グラン・プラスとグラン・サブロン広場あたりに、「ピエール マルコリーニ」や「ゴディバ」など、有名どころの店が集まっています。さらには日本では名前も聞かないような店がずらりとならび、好みのチョコレートを探す客たちで賑わっています。

グラン・プラスから南西に二ブロックほど行くと、「小便小僧」に会えます。シンガポールのマーライオン、コペンハーゲンの人魚姫の像と並んで、世界三大がっかり、などといわれているようですが、たしかに簡素で規模も小さく、あまり期待して行くと……。でもれっきとしたブリュッセル市民で、最年長市民。市立博物館には、世界中から集まった小便小僧のワードローブが展示されています。

グラン・プラスから見て、その小便小僧の反対側には「小便少女」があるのはご存じですか？　小便小僧にあやかってつくられた少女の像は、小さな路地のわかりにくいところにあるのですが、もしよければ散歩のついでにどうぞ。

食の街

ワッフルもベルギーの味として有名。現地では「ゴーフル」といいます。日本になじみのある、甘くて丸っぽい形のものはリエージュ風だそうで、ブリュッセル風は塩味。生クリームやアイスクリームや果物のソースをトッピングして食べます。

私のおすすめは、なんといってもムール貝です。七月中旬から四月までがシーズンとされていますが、秋から冬にかけての北海産のムール貝は最高です。まさにバケツのような鍋で出てくるのですが、シンプルな白ワイン蒸しならその量でもおそれることはありません。セロリやポロネギと蒸した「マリニエール風」も試してみてください。

パリ

【国　名】フランス共和国
【公用語】フランス語
【通　貨】ユーロ

華やかな面だけじゃない、移民問題に揺れるパリ

フランスはヨーロッパきっての移民大国です。「自由」を重んじるこの国は移民に比較的寛大で、これまでアフリカの旧植民地を中心に多くの移民を受け入れてきました。イスラム教徒の移民にしても西欧最大で、その数は五〇〇万人ともいわれています。しかし、いくら寛大といえども限度があります。宗教が違い、文化が違い、さらに経済状態も違う人々が同じ土地に暮らせば衝突も起きます。いまフランスを悩ませているのが、この移民問題なのです。

ところがわれわれ日本人がパリの街を歩いて、多様な宗教色を感じるような光景に出くわすことはほとんどありません。これは「ライシテ」という概念から法律をつくり、移民に関する問題を処理してきたからです。ライシテというのは、政教分離を原則とす

るもので、宗教の自由を認めるとともに、公の場で宗教の属性を示すような印や服装を禁じているのです。ですから、宗教色のある服装などを目にすることがないのです。

二〇一〇年八月、サルコジ元大統領の時代に、ロマ人（かつてはジプシーと呼ばれた）をルーマニアやブルガリアに強制送還するという出来事がありました。フランス南東部の都市で起こった暴動事件のあとで、確たる証拠もなしに、ロマ人を集中的に取り締まったのです。二〇一〇年八月に行われたフランスの世論調査のアンケートでは、四八パーセントが移民の本国送還を支持し、四二パーセントが反対しているとのこと。世論もまっぷたつに割れていることがわかります。

そして二〇一五年一月には、シャルリー・エブド襲撃事件が起こりました。ムハンマドやイスラム過激派の風刺画を掲載したという理由で、シャルリー・エブド本社が武装集団に襲われ、編集長をはじめ、諷刺画の担当者やコラムの執筆者ら合わせて一二人が殺害されました。この事件は人質事件に発展し、死者は三日間で一七人という惨事となりました。一月一一日には、犠牲者を悼む大行進が行われ、参加者はフランス全土で三七〇万人、パリだけでも一六〇万人を数えたのです。さらにこの行進には、当時のオランド仏大統領をはじめ、イギリスのキャメロン首相、ドイツのメルケル首相、トルコのダウトオール首相、イスラエルのネタニヤフ首相、アッバース・パレスチナ自治政府大統領、ロシアのラブロフ外相らも参加。これだけの世界の要人が手をたずさえて歩いたことでも、パリを一躍世界中にアピールすることになりました。オランド仏大統領は、「今日、パリは世界の首都になった」と発言しています。

世界を代表する観光の街パリでも、日本人には見えないところで、移民との対立や宗教観の摩擦が起きていることは、知っておくべきでしょう。

二〇一五年一一月一三日にはパリ同時多発テロ、二〇一六年七月一四日にはニースでトラックを使ったテロが、さらには二〇一七年四月二〇日にもパリのシャンゼリゼ通りで発砲テロが起こっています。移民や難民に反感を持つ人も増え、二〇一七年の大統領選挙では、極右政党「国民戦線」の党首、マリーヌ・ルペンが決選投票に残りました。結果は中道のエマニュエル・マクロンが勝利しましたが、極右政党の躍進は国内での混乱の表れであるともいえるでしょう。

最初の挨拶は「ボンジュール！」

パリに限ったことではありませんが、たとえ訪れた土地の言葉を話せなくても、挨拶くらいは現地の言葉でしてみませんか。しかもこれ、挨拶以上に有効です。自分たちが使っている言葉で「こんにちは」「ありがとう」「さよなら」「おいしい」なんて外国人に話しかけられて、不愉快になる人はいないでしょう。

特にフランスはフランス語を文化として誇りにしていて、国を挙げて「言語政策」をとっているぐらいですから。たとえばアメリカだと英語に加えてスペイン語が使われていますが、フランスでは公用語はフランス語だけ。移民が多く国内にはいろいろな地域言語がありますが、公的には一切認められていません。フランス語へのこだわりは筋金入りです。もちろん、私たち外国からの観光客にフランス語を話せと強要しているわけではありません。ただ、こちらが「エクスキューズミー」や「ハロー」なんて話しかけるよりは、「ボンジュール」と言ったほうが、より親切に応じてくれるのは確かです。そのあとは別に英語でもいいんです。パリでは、まず「ボンジュール」、夜なら「ボンソワー」、これ、大事です。

革命で獲得した自由と誇り

こんな保守的な一面がある一方で、フランスという国は「自由」をとても尊重します。かつて大きな革命がありました。王制下で苦しめられていた民衆が蜂起して、バスティーユ監獄を襲撃。これがフランス革命の端緒です。ついにはルイ一六世も王妃マリー・アントワネット（「パンがないなら、お菓子を食べればいいのに」と言ったとかいわれる伝説の美妃。この発言は、実はマリー・アントワネットではないのですが）も処刑されました。その場所がいまのコンコルド広場です。王制から共和制になって、人権という思想や民主主義が取り入れられます。ストライキやデモに市民が慣れっこなのもそのせいといえるのでしょう。血を流して得た何よりのものは、「自由」だったのです。

花の都パリ誕生の秘密

いまでこそ観光客を魅了する美しい街並みですが、一九世紀の半ばごろまでは、じめじめと不潔で、お世辞にも衛生的とはいえない都市でした。転機は、ナポレオン三世が掲げた大規模な都市計画事業。当時セーヌ県の知事だったジョルジュ・オスマンという人物が実行役でした。まず凱旋門のある広場から放射状に延びている一二本の大通り（ブールヴァール）に代表される道路網の整備、上下水道の設備や街区の緑化が進められました。さらに通りに面した建物の高さや外壁に制限を設けたりして、景観の統一にも配慮しました。

こういう大事業は膨大なお金がかかるばかりではなく、強制的に立ち退きさせられた人々もいたわけで、必ず痛みを伴うものですが、近代の都市計画のモデルになったのも事実です。

エッフェル塔が命拾いしたわけ

エッフェル塔も一度は上っておいて損はありません。大ざっぱにしろ、街の様子がつかめますから。

これはフランス革命一〇〇周年記念の一八八九年にパリで開かれた万国博覧会の呼び物として建設されました。国威発揚とでもいいますか、こんな最新鋭の技術でこんな巨大なものがつくれますよ、というふうに。当時はまだ石造りの建築が主流でしたから、鉄骨むき出しのタワーなんて「醜い」という意見もかなりあったようです。作家モーパッサンのエピソードが有名です。エッフェル塔が大嫌いなゆえに、塔の一階のレストランを愛用していた。「ここなら、エッフェル塔を見なくて済む」というわけです。

万博が終わって二〇年後くらいに取り壊しということになりました。ところがちょうどそのころ、テレビ放送が実験的に始まりました。電波塔が必要だということになり、エッフェル塔のてっぺんに電波塔をつけたのです。上の部分がのっぺらぼうになっているところに、ニョキッと、アンテナが立っています。不格好かもしれないけど、そのおかげでエッフェル塔は今日まで生き永らえているというわけです。

エリゼ宮の衛兵はイケメンぞろい

エリゼ宮は、かつてはルイ一五世の愛人ポンパドゥール夫人やナポレオンの皇后ジョゼフィーヌらが住んでいたこともある宮殿ですが、いまは大統領官邸になっています。アメリカのホワイトハウスみたいなもの。でも、アメリカと違って、警備が厳重ではありません。ただ塀があるだけで、周囲は自由に歩ける。入り口に小さい門があって、かなりイケメンの衛兵が立っています。警備ってこれだけ？　みたいな感じです。

またセーヌ河岸の一部は世界遺産になっています。それを代表する建物といえば、シテ島のノートルダム大聖堂。ノートルダムは「私たちの貴婦人」という意味で、聖母マリアのことです。カトリックというのは、聖母マリア信仰とでもいうか、やたらとマリア像が多い。それに対してマリア像がないのはプロテスタントの教会。フランスはカトリックの影響が強いのです。

なかに入ると告解室があります。神父に信者が懺悔《ざんげ》する場所で、昔の電話ボックスのような黒い箱型です。何か悪いことをして神父様に告白するとその罪は許されるという、都合のいいシステムですね。これはプロテスタントにはありません。そもそも「神父」というのは、聖なる天の父、その代理人を意味します。プロテスタントでは、迷える子羊たちを見守る人という意味で「牧師」。だから、ノートルダムで「牧師さん」なんて言うと、恥ずかしいことになります。

おすすめは学生の町、カルチェラタン

私のおすすめはセーヌの南側にあるカルチェラタンです。ここはソルボンヌ大学の学生街。ジーンズが似合うカジュアルなエリアで、手頃な値段のエスニック料理の店などが軒を連ねている、私のお気に入りの場所です。目的もなく歩いて、本屋さんに立ち寄

ったり、カフェのテラスでコーヒーを飲んだりするのもパリの楽しみの一つです。

ただ街を歩く場合、地図はあらかじめ頭に入れておいてください。路上でガイドブックなんかを広げたりするのは危険です。またパリに限らず、旅行者にとって危険な場所は必ずあります。そんな危険なエリアの信号となるのが、壁の落書きです。増えてきたなと思ったら、引き返すか人通りの多いところに出るようにしましょう。

観光地巡り、ショッピング、美術館巡り、グルメ旅など、旅にはさまざまな目的がありますが、なんといっても醍醐味《だいごみ》は非日常な空気。あなたのスタイルでパリを味わってみてください。

ロンドン

【国　名】グレートブリテン及び北アイルランド連合王国
【公用語】英語
【通　貨】ポンド

新たなロイヤルファミリー

二〇一五年五月二日、ウイリアム王子の妻キャサリン妃が、第二子となる王女を出産。シャーロット・エリザベス・ダイアナと命名されて世界中の話題となりました。

それに先立つ同年三月、初来日したウイリアム王子は、持ち前のホスピタリティで、各地で大歓待を受けました。まっさきに宮城県石巻市と女川町を訪れ、東日本大震災で被災した人々と面会したこと。さらにはその理由として、王子の母である故ダイアナ妃が、一九九五年二月、三度目の来日の際、阪神淡路大震災直後に神戸訪問を願いながらも果たせなかった思いを自分が引き継いだ、と発言したことで、ものの見事に日本国民の心をつかんだのです。母の面影を宿し、気さくな性格と慈善事業や社会貢献に尽くした母の資質を引き継いだウイリアム王子ならではのことでした。

これ以前、しばらく英国王室に明るい話題はありませんでした。チャールズ皇太子の離婚とダイアナ妃の死去とスキャンダルで、下落する一方の王室人気は危機に瀕していたのです。そんな王室のイメージを一変させたのが、ロンドンのウエストミンスター寺院で執り行われたロイヤル・ウエディングでした。ウイリアム王子が庶民の娘であるキャサリン・ミドルトンを選んだこと、そしてそのキャサリン妃の出産などに対するフランクな態度は、常に皮肉たっぷりだったイギリス国内の報道をも変化させました。二〇一一年四月二九日に行われたロイヤル・ウエディングは、世界に報道され、二〇億人が見たといわれます。そのページェントには、かつて植民地であったイギリス連邦王国一六カ国（イギリス連邦加盟国を含めると五四カ国）が参列。あらためて英国の威風を印象づける効果を発揮しました。

ウエディングの翌月の五月一七日には、エリザベス女王が間髪をいれず、アイルランドを訪問。英国からの独立を勝ち取るために解放闘争を戦った兵士の記念碑に献花しています。英国王が、アイルランド入りをするのは、一九三七年の独立後初めてことで、女王の祖父にあたるジョージ五世以来、一〇〇年ぶりのことでした。

ウイリアム王子とキャサリン妃、この二人が起こす新しい風が、ロイヤルファミリーのみならず、イギリス中を明るくしています。

そのイギリスは二〇一六年六月の国民投票でＥＵからの離脱を決めました。他のＥＵ

圏から多数の移民が入ってくることへの反発からでした。二〇一九年三月に正式に離脱するまで、条件をめぐってEUとの交渉が続きます。

エリザベス・タワーとは？

イギリスは、国王を国家元首とした立憲君主制。君主（＝国王）の地位は認められているものの、憲法によって政治権限は制限されています。国王は政治的に大きな権限は持っておらず、議会の召集や解散の宣言、大臣の任命などを行う程度です。「国王は君臨すれども統治せず」という言葉が有名ですが、まさにそのとおり。実質的に政治の長は首相ということになります。また立法権を有する議会と行政権を有する政府が分かれて存在し、政府が議会の信任によって存在する「議院内閣制」は、イギリスが生みの親。日本でも採用されているこの制度は、イギリスから取り入れたものです。

そのイギリス議会の議事堂となっているのが、テムズ川沿いにある、「ビッグ・ベン」で有名なウェストミンスター宮殿。宮殿というくらいですから元は王が住む場所でしたが、一八〇〇年代半ばに内部に貴族院と庶民院の議事堂が完成しました。

また「ビッグ・ベン」というのは愛称で、「クロック・タワー」というのが正式名称でしたが、二〇一二年、エリザベス女王の在位六〇周年を記念して「エリザベス・タワー」と名前を変えました。

ロンドンの足

ロンドンに着いたら、ぜひ一度はタクシーに乗ることをおすすめします。「ブラックキャブ」と呼ばれ、かつては黒塗りが基本でしたが、いまは車体に広告を入れたものやカラフルなものも走っています。このブラックキャブのドライバーになるには、「ザ・ナレッジ」という厳しい試験に合格しなければなりません。観光名所から小さな通りの名前まで暗記し、目的地までの最短ルートを求める問題にも答えなければならないそうです。だからこそ、ドライバーはロンドンを熟知しているので、信頼できます。礼儀正しいし、お気に入りのレストランを教えてくれたりもします。

ところが近年、「ミニキャブ」と呼ばれる予約専門の簡易ハイヤーが増加し、「ブラックキャブ」の営業を脅かしているそうで、これに抗議する「ブラックキャブ」のドライバーのストライキも行われています。利用者にしてみれば「ミニキャブ」のほうが割安なのだそうですが、観光で訪れるわれわれには、手をあげれば停まってくれる「ブラックキャブ」のほうが便利ですね。

もう一つの足は地下鉄。目的地の駅名さえわかっていれば、観光客にも便利な乗り物です。こちらは二〇一三年に開業一五〇年を迎えた、世界で最も古い地下鉄です。日本ではまだ幕末。薩英戦争が始まった年ですね。当時、地下にトンネルを掘る技術はまだなく、開削法という、地面を深く掘り下げて線路を敷いた後に地上に蓋《ふた》をする方法がとられていました。しかもそこを走るのは蒸気機関車。どんな状態だったか、想像がつきますよね。充満した煙で信号が見えなくなることもしばしばだったそうです。

やがてシールド工法という地下を掘り進んでいく技術ができて、その断面が円形であることからロンドンの地下鉄に「チューブ」という名称がつけられるようになったのです。地上から改札までのエスカレーターも一九九〇年代までは木製で風情があったのですが、キングスクロス駅で大火災が起こったことから、いまではほとんどが金属製に替わりました。

そして有名なロンドンの二階建てバス。見晴らしも良く、ぜひ乗りこなしてみたいと思うのですが、ルートが複雑でバス停の名前もわかりにくいので慣れるには時間が必要かもしれません。でも、観光用の名所を回るバスも多くあるので、こちらは安心です。

集められた人類の遺産

ロンドンで必見といえば、やはり大英博物館。人類の遺産がここに集められたといっても過言ではない博物館で、収蔵品は約八〇〇万点（うち常設展示されているのは一五万点）。とてもじゃないけど一日では回りきれません。美術品や書籍、工芸品など種類は多岐にわたるのですが、大英帝国時代に世界中の植民地から集められたものも多数あります。独立国家が多くなった現在では、しばしば収蔵品の返還運動を起こされることもあります。そもそもは古美術収集家の医師一人の収集品から始まったものなのです。

入館料は無料。宝くじを発行して建造する資金を集めたところから成り立ち、一七五九年に世界で初めて一般に公開された博物館で、いまに至るまで運営はすべて寄付金でまかなっています。

歩いて楽しいのはロンドンのマーケット。食品、日用品、アンティーク、衣料品、雑貨など、さまざまなマーケットがあちこちにあり、週末はどこも大混雑。映画『ノッティングヒルの恋人』の舞台になったポートベローマーケットは世界的に有名です。一見ガラクタのようなものから高級アンティークまで店がずらりと並び、見て回るだけで楽しい時間が過ごせます。どこのマーケットも、基本的に値段が手ごろなので、思わぬお土産が見つかるかもしれません。

イギリスの食べ物はまずいという「定評」がありますが、最近は変わってきているようです。世界各地からおいしいものが入ってくるようになり、イギリス人の味覚も変化しているようです。

そしてやはりアフタヌーンティーの本場。紅茶の味は確かです。ロンドンではどこのティールームに入ってもはずれがないくらい、レベルが高い。英語で紅茶のことを「ブラックティー」というので、なぜかと思っていましたが、行ってみてわかりました。イギリスで紅茶をいれると、たしかに黒い。その理由は、水がかなりの硬水だからなのです。ホテルの部屋にあるポットのなかを見てみたら、石灰分がびっしりついていました。カルシウムたっぷりの水というわけです。そこで、なかばジョークでこんなふうにもいわれています。「イギリス人が我慢強いのはカルシウムを十分とっているからだ」

マラケシュ

【国　名】モロッコ王国
【公用語】アラビア語、ベルベル語、フランス語
【通　貨】モロッコ・ディルハム

「アラブの春」で混乱したアラブ世界

二〇一〇年末に、チュニジアで始まった民主化運動がアラブ世界に広がり、翌年にはエジプト、リビア、イエメンで当時の政権が倒れました。シリアではいまだに悲惨な内戦状態が続いています。

「アラブの春」と呼ばれるこうした民主化の動きは、実際のところ、まだまだ不安定に見えます。極端な貧富の差、石油や天然ガス、鉱石などの資源をめぐる利権争い、植民地時代の宗主国との確執などに加えて、宗教的な対立もなくなる気配を見せていません。本当の「春」を迎えられるまでにはまだまだ時間がかかりそうです。

モロッコでも、二〇一一年二月、民主化を要求する大規模なデモが行われました。しかし、そんな民衆の声に対して、国王が王権の制限や憲法改正などの融和策を早急に提

案したため、平穏を保っています。

ヨーロッパと砂漠の間に位置する独特な地理

モロッコ王国は、ムハンマド六世が元首の立憲君主制の国家で、イスラム教スンニ派が国教となっています。ですからスンニ派対シーア派というような宗派の対立がありません。九九パーセントの国民がムスリム（イスラム教徒）といわれていますが、キリスト教やユダヤ教が禁止されているわけでもありません。信仰の自由があります。ほかのアラブ諸国やアフリカ諸国に比べると、非常に安定した国という印象があります。

モロッコはアフリカ大陸の西北端、ジブラルタル海峡を挟んでスペインとは指呼の間《かん》にあります。国土の背骨のように連なるアトラス山脈の向こう側には、サハラ砂漠が広がっています。「サハラ」とはアラビア語で「砂漠」「荒野」のこと。アフリカ大陸の三分の一といわれるほどの規模の荒れ地です。

こんな地理的な環境によって、ブラック・アフリカでも中東アラブ圏でもない、独特の風土が生まれました。

先住民族ベルベル人が住んでいたこの地に、貿易の民フェニキア人がやってきたのは紀元前一二世紀。以後、カルタゴやローマ帝国の植民地にもなりますが、アラブ人の進出とともにイスラム教が伝えられたのは七世紀末のことでした。

ベルベル人によるイスラム王朝の時代（一一～一二世紀）には、マラケシュが首都になりました。マラケシュとは、ベルベル語で「神の国」を意味します。このころ、モロッコ全域からアルジェリア西部、スペイン南部へと進出して、各地域の文化が融合されました。

繰り返される領土問題

スペインやポルトガルなどとの攻防を繰り返しつつ、一八世紀ごろからヨーロッパ諸国と友好関係を保ち始めます。さらに一七七七年にはアメリカ合衆国の独立を認めています。世界で初めてアメリカ合衆国を承認した国家がモロッコでした。その一〇年後には友好条約を結んでいます。あの軍用機オスプレイの飛行訓練がモロッコでも行われていたことからして、友好的な関係は現在も続いています。

一九一二年にフランスの保護国（北部はスペインが支配）となり、首都がラバトに変わります。やがて民族運動が盛んになり、一九五六年に独立しました。

かつてモロッコは、アフリカ大陸で唯一「アフリカ連合」に加盟していない国でした。それは、西サハラ（サハラ・アラブ民主共和国）との確執が原因です。西サハラがスペインから独立したとき、植民地時代以前は自国の領土だったとモロッコは主張しています。西サハラが「アフリカ連合」の前身である「アフリカ統一機構」に加盟したため、モロッコは脱退したのです。そのモロッコが二〇一七年にようやく加盟し、「アフリカ連合」はアフリカ大陸のすべての国が参加することになりました。

領土でいえば、モロッコの北部、地中海に面したセウタとメリーリャはスペインの「飛び地」です。一五世紀、イベリア半島に進出していたイスラム勢力が、スペインで起こった「レコンキスタ」(国土回復運動)によって駆逐され、その後、スペイン領になったものです。ジブラルタル海峡を守る要のような土地です。

このスペイン領に、近年モロッコからの移民が住み着くようになって、アラブ人が増えていますが、さらに、南のマリやモーリタニアなどからは続々と難民がやってきています。経済状態が不安定なスペインとはいえユーロ圏なので、ここに入ってしまえばもうヨーロッパという安心感でしょうか。なにしろ貧しいアフリカ諸国からしてみれば、ヨーロッパは豊かなのです。

そのアフリカのなかでもモロッコは豊かなほうでしょう。石油はほとんど産出しませんが、大西洋岸ではオリーブを中心とした農業、日本にも輸出されているタコなどの漁業も盛んで、肥料や工業材料になるリン鉱石の産出量は世界第三位を誇っています。そしてもう一つの大きな産業が観光です。

エキゾチックな巨大迷路

マラケシュに来た観光客が、まず訪れるのがジャマ・エル・フナ広場（略称フナ広場）とメディナ（旧市街）のスーク（市場）です。このフナ広場、かつては公開処刑も行われた場所で、アラビア語で「死人の集会所」という意味だそうです。昼間はがらんとしていますが、日が暮れるころにはミント・ティーやオレンジジュース、モロッコ料理を売る屋台が並び、さらにはヘビつかいなどの大道芸人や占い師なども現れて、お祭り騒ぎは夜遅くまで続きます。この文化的空間が評価され、ユネスコの無形文化遺産に登録されています。

マラケシュのスークは「巨大迷路」。フナ広場からスマリン門を目指して、スーク・スマリン通りに入ると、衣料、土産物、バブーシュという革のスリッパ、絨毯、雑貨、金細工などの店が連なり、さらに先へ進むと、スパイス、革製品、陶器、かご細工など、あらゆる物を売る店が並んでいます。

路地は四方に広がっていてあまりに店が多いため、売り物に気を取られていると、どこをどう通ってきたのかがわからなくなることも。方角がわからず、迷子になったと思ったら、遠くを見回してクトゥビーヤ・モスクを探し、「迷路脱出」の目印にしてください。フナ広場から少し離れてはいますが、七七メートルもある赤茶色のミナレット

（尖塔）があなたを救ってくれるでしょう。

スークに比べて静かなのは、史跡地区。赤と緑の砂岩でできたアグノウ門、代々のスルタンの墳墓群、王宮、なかば廃墟《はいきょ》と化した宮殿など、エキゾチックなそぞろ歩きが楽しめます。

またマラケシュからは、サハラ砂漠へのツアーも多く出ています。アトラス山脈を越えると、その向こうはサハラ砂漠。オアシスの街ワルザザートや、映画『アラビアのロレンス』『グラディエーター』のロケでも有名な世界遺産、アイト・ベン・ハドゥなどは、世界中からの観光客を魅了しています。

レイキャビク

【国　名】アイスランド共和国
【公用語】アイスランド語
【通　貨】アイスランド・クローナ

冷戦終結の地

その昔、アイスランドは無人の島でした。「氷の島」と呼んだのは、バイキングだったといわれています。ここに植民が始まったのは八世紀末。そして九～一〇世紀にかけて、ノルウェー人や、スコットランドやアイルランドのケルト人が定住しました。一一世紀からはノルウェーやデンマークに支配される長い時代が続きますが、独立運動の結果、一九一八年にアイスランド王国となります。しかしこの国はデンマーク国王の主権下にあり、完全な独立ではありませんでした。

第二次世界大戦中の一九四四年、中立を宣言していたデンマークにドイツが侵攻し保護国として占領すると、アイスランドにはイギリス軍が駐留します。軍を持たないアイスランドは駐留を認めるしかありませんでしたが、デンマークとの連絡が途絶えたこの機にデンマークからの分離、独立を宣言し、アイスランド共和国となったのでした。

大戦後、ロシアの前身であるソビエト連邦を中核とする東ヨーロッパと、アメリカおよび西ヨーロッパの対立という東西冷戦の図式ができ上がります。その冷戦の「終結の地」となったのが、首都のレイキャビクでした。一九八六年、ソ連のゴルバチョフ書記長とアメリカのレーガン大統領がここで会談をしたことをきっかけに、冷戦に終止符が打たれたのです。

レイキャビクのファクサ湾を見下ろす高台に「レイキャビク会談」が行われた建物が残っています。アイスランド語で「ヘヴジ」と呼ばれる邸宅です。軍隊のないアイスランドでは警備が万全ではないと判断したソ連は、自国の船を港に停泊させ、ゴルバチョフ書記長はそこから会談に通いました。

金融立国の危うさ

アイスランドの主産業は古くから漁業で、いまでも重要な輸出産業です。しかし、過去の二度にわたる石油ショックでインフレ率が非常に上がってしまいました。漁業以外に大した産業がない弱みです。そこで、金融立国を目指します。高金利を謳《うた》って海外からの資金を集め、金融業を発達させました。これが功を奏して、GDP（国内総生産）の国民一人当たりの水準は世界のトップレベルとなり、小さな国にもかかわらず経済力は大国以上になったのでした。

日本のバブル経済絶頂期、日本の金利は安かったため、世界中の投資家や銀行が日本でお金を借りて、これをドルやユーロに転換して運用していました。これはアイスランドも例外ではなく、「サムライ債」として多額の円建てローンを抱えていました。

そして二〇〇八年、アメリカのサブプライムローン問題に端を発した世界金融危機によって、アイスランド経済は破綻します。「サムライ債」も一挙に債務不履行となったのです。

政府は二度、公的資金を投入して危機を切り抜けようとしますが、国民投票によって拒否されました。外国の大口預金者までをも自分たちの税金で救済するのは納得がいかないというわけです。

その結果、自国の通貨アイスランド・クローナは信用を失い、暴落しました。ところが、為替市場でアイスランド・クローナが安くなったことにより輸出額が伸びて、経常収支は改善。さらに通貨安が観光客も呼び込みました。こうしてアイスランドの経済は回復を見せてきているのです。

「プレートまたぎ」の醍醐味を味わう

「氷の陸地」と名づけられたこの島国ですが、その緯度の割には暖かく、緑も豊かで、雪と氷だらけのグリーンランドとは対照的です。南からの偏西風と暖流である北大西洋海流のせいで、同緯度の他の土地と比べて冬の寒さもゆるく、平均最低気温もマイナス二~三℃程度です。

近年は観光も大きな産業の一つとなり、ヨーロッパをはじめ多くの旅行者がアイスランドを訪れています。

世界遺産のシンクヴェトリル国立公園は地球上でもめずらしい場所で、ユーラシアプレートと北アメリカプレートの境目を見ることができます。マントルが上昇してプレートが生まれるのは海嶺《かいれい》で、そのほとんどは海底にあるのですが、アイスランドでは陸上に現れました。ユーラシアプレートは西に、北アメリカプレートは東に引っ張られ、「ギャウ」と呼ばれるその裂け目は年に二~三センチメートル広がっています。二つのプレートに架かる橋もありますから、ぜひ渡ってみてください。

二つのプレートの上にあるという点では日本と同じで、どちらも地底の活動が活発です。つまりアイスランドは火山が多く、温泉もあるということです。

レイキャビクの中心街から四五分ほどのところには、世界最大の屋外温泉施設「ブルーラグーン」があります。隣接するスヴァルツェンギ地熱発電所で使用した、地下からの温水を利用した人工温泉です。青みがかった乳白色のお湯はミネラルが豊富で、沈殿した泥(シリカサンド)は美容にもいいそうです。

ほかにも、熱湯が噴き上がる間歇泉《かんけつせん》、隆起した溶岩台地からほとばしる滝など、ワイルドな見どころには事欠きません。

自然エネルギー発電が経済回復に貢献

経済危機に陥ったアイスランドが奇跡的な回復をしていることには、自然エネルギーによる発電も貢献しています。氷河からの大量の雪解け水が水力発電に、火山が生む大量の高熱水蒸気が地熱発電に利用されているのです。前者が八〇パーセント、後者が二〇パーセント、つまり電力のすべてが自然のエネルギーだけでまかなわれています。

地熱を電力に換えると同時に、使ったお湯をパイプで街の各家庭へと送ります。ちょうどオイルヒーターのようなものに、オイルではなくお湯が通っていて、暖房設備が万全。家庭の暖房だけではなく、外の地面、道路の下にも温水を通してあるので、路面も凍結知らずです。

レイキャビクに電力を供給するネーシャヴェトリル地熱発電所では、地下二〇〇〇メートルから取り出した蒸気をタービンで発電しています。

日本では、地熱が利用できそうな場所が国立公園になっていたり、温泉観光地が湯量の変化を懸念したりしているなどの理由で、まだまだ地熱が発電に生かされていません。

アイスランドでは、車や船などもガソリンから水素燃料電池に移行しつつあり、二〇三〇年までに化石燃料の使用ゼロを目指しています。レイキャビクは「世界一空気のきれいな首都」といえるでしょう。

極夜の読書は文化をはぐくむ

「煙がたなびく湾」というのが、レイキャビクの意味だそうです。初期の上陸者が、温泉から立ち上る湯煙を見て、あるいは、それを炎の煙とまちがえて名づけたといわれています。

なかなか暗くならない白夜の夏はアウトドアライフを満喫し、太陽の出ている時間が短い極夜の冬は読書にふけるというのが、一般的なライフスタイル。なにしろ暗くて長い冬ですから、家で本を読むのも国民の娯楽の一つ。出版物の量がとても多く、レイキャビク市民は「人口一人当たりの書店の密度は世界一高い」と誇っています。

書物に親しみ、文化をはぐくむ。こんなふうに自然環境を生かす知恵と工夫にたけている脅威にもなるはずの火山からエネルギーを得る。また、寒さや暗さを逆手にとって、るところ、つくづく「大人の国」だと感じます。

4
chapter

アメリカ大陸

AMERICA

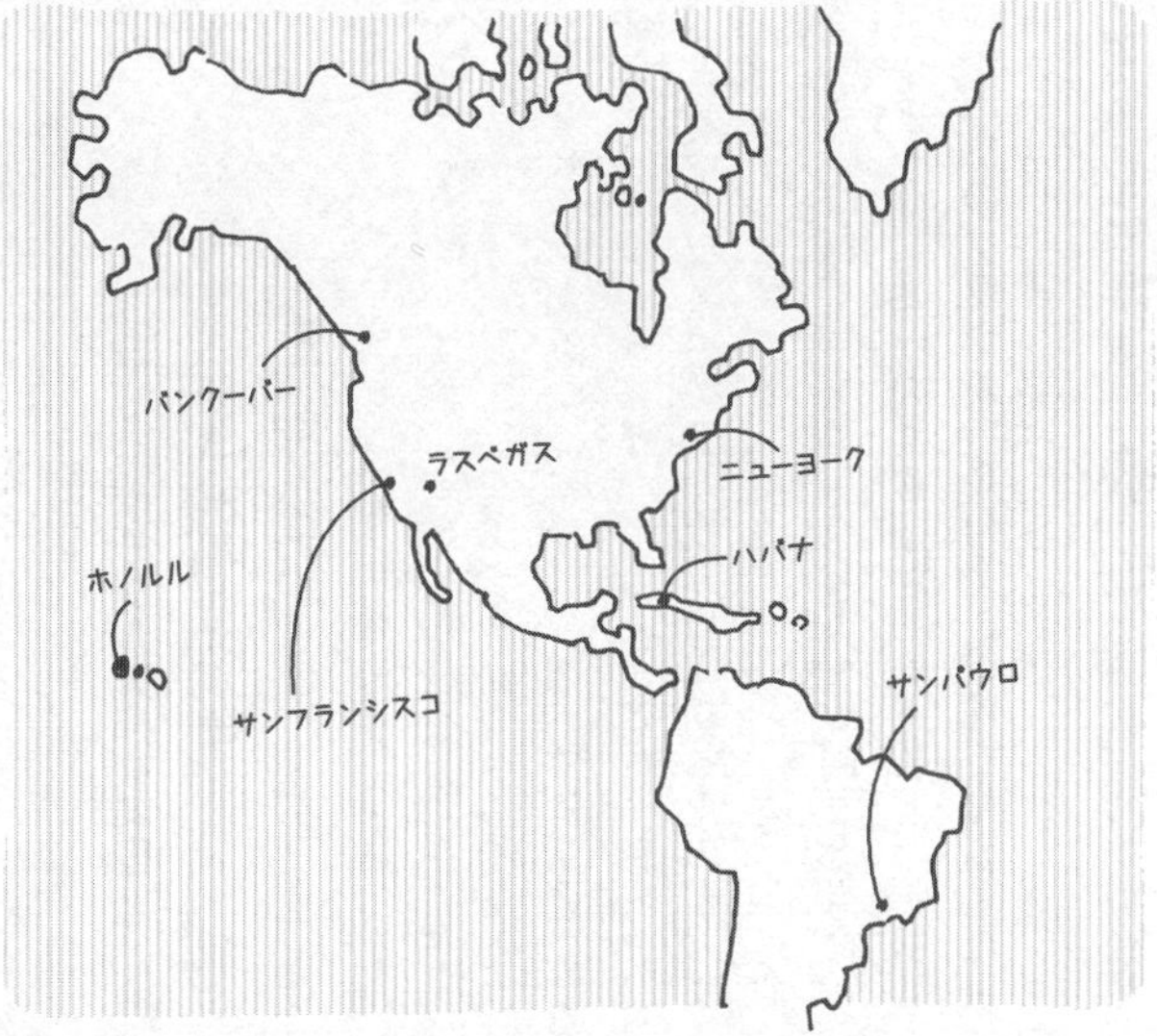

サンパウロ

【国　名】ブラジル連邦共和国
【公用語】ポルトガル語
【通　貨】レアル

世界的イベントは国家のステイタス?

二〇二〇年の東京オリンピックとパラリンピックが近づくにつれ、国内では話題に事欠きません。その前の二〇一六年の開催地がリオデジャネイロでした。二〇一四年にはFIFAワールドカップも開催され、二大スポーツイベントの招致に成功したのが、ブラジルです。

近年では「BRICs」(ブリックス)と呼ばれ、ロシア、インド、中国とともに、新興経済国の一つに数えられています。つまりは「勢いのある国」ということ。IMF(国際通貨基金)の統計によれば、二〇一四年のブラジルのGDP(国内総生産)は世界第七位です。

ところが、これを一人当たりに換算してみると、先進国に比べて大幅にダウンします。

これが何を意味するかというと、つまり、貧富の格差です。

二〇一四年のワールドカップ開催中も、ブラジル各地で若者たちのデモがありました。その主張は「ワールドカップ開催のために公的資金を投入しないと約束したのに、政府は嘘をついた。税金は、教育や医療などの改善向上のために使うべきだ」というものでした。

もちろん、サッカーが「国技」のブラジルですから、ワールドカップ開催には大きな誇りもあるでしょうが、厳しい現実が目に前にあることも確かなのです。

奴隷から移民へ

はるか昔の先史時代にこの地で暮らしていたのは、アジアからやってきた人々でした。後に「インディオ」と呼ばれます。

一五〇〇年にポルトガル人によってブラジルが「発見」されて、ポルトガルの植民地となりました。カトリックの宣教師たちもやってきました。やがて、サトウキビから砂糖を作る産業が広がります。ポルトガル人が経営する砂糖プランテーションに、インディオやアフリカからの黒人が奴隷にされて、労働力として集められました。

一八世紀には、金鉱山の発見でゴールドラッシュとなり、多数のポルトガル人が移住し、また、採掘労働者として黒人奴隷が投入されました。奴隷制は一八八八年まで続けられ、大勢の黒人奴隷が鉱山やサトウキビ畑で過酷な労働を強いられました。奴隷制廃止後は、奴隷以外の労働力として、ヨーロッパからの移民も受け入れていましたが、アジアからも移民を募ります。日本からも一九〇八年、笠戸丸《かさとまる》という船で移民第一弾が出発しました。

第二次世界大戦のあと、新憲法が制定されて、初めての民主的選挙も行われました。けれども、新しい首都ブラジリアを建設したために、国家の財政が危うくなり、インフレが加速します。政府はこの窮状を乗り切れなかったために、一九六四年に軍がクーデターを起こし、政権を倒しました。軍事独裁体制の始まりです。その結果軍政権はアメリカの支援を背景に外国資本の導入を進め、奇跡的ともいわれる高度経済成長を果たしました。

しかし、一九七三年のオイルショックを契機に様相は一変。経済は失速し、所得格差は増大して、犯罪発生率は著しく上昇します。また軍政権の人権侵害や、さらに都市ゲリラによる外国要人誘拐やハイジャック事件など、不穏な空気が全土を覆うことになりました。この軍政時代は、アメリカ対ソ連（現ロシア）という構図がはっきりしていた東西冷戦の時代と重なります。

先進国に対しても対等にプライドをもって経済発展

一九八五年には文民政権が復活しますが、経済状態は改善されません。ようやく回復したのは、二〇〇三年にルイス・イナシオ・ルーラ・ダ・シルヴァが大統領に就任してからのことでした。

内政では、食料の補助など貧困層への支援をし、学童基金を創設して教育に力を入れます。また公務員年金の改革を行って財政支出の削減をはかり、開発途上国への貿易を拡大させます。外交的には、発展途上国におけるリーダーシップをとりながら、富裕国や先進国に対して対等の立場を保持。革新的な政策を次々と打ち出し、やがて、財政黒字を実現して、債務国から債権国へと変身。国連安全保障理事会の改革にも力を発揮し、常任理事国入りを希望するまでになったのです。このルーラ大統領の時代に、ワールドカップとオリンピックの招致にも成功しました。

二〇一一年、ブラジル初の女性大統領となったジルマ・ルセフは、前大統領の政策を引き継ぎました。世界が注目する「ブリックス」の一つであり、二大イベントもあるというわけで、ブラジルに世界中からお金が流れ込んできました。株価も通貨（レアル）も上昇。日本やアメリカの金融緩和による外貨が流入しました。

外貨の増減は常に流動的で、ＦＲＢ（連邦準備制度理事会）の方針や他国の事情に大きく影響されますが、ブラジルに投機のお金が集まるということは発展の可能性があるからこそでした。

もともと油田を多数持っているところへ最近も新たな油田が相次いで発見されていま す。サトウキビによるバイオエタノールも世界市場の七〇パーセント以上を占め、豊かな水資源も水力発電に貢献して、国内消費電力の九〇パーセントをまかなっています。

日本のODA(政府開発援助)による「セラード開発」(内陸部の広大な荒地を開発して大農地に変えたプロジェクト)の成功は、大量の小麦や大豆を生み出すことになりました。いまでは、日本が輸入している大豆はアメリカに次いでブラジルからのものというほどの生産量を誇っています。

しかしその後、ブラジル経済はマイナス成長をたどり、二〇一六年八月には、政府の会計を不正操作した背任罪で職務停止となっていたルセフ大統領が弾劾裁判にかけられ、罷免が決定しました。

発展の基礎となったコーヒーと日本の関係

サンパウロは、ブラジルだけでなく、南半球で最大の都市です。GDPの半分以上を計上しているこのメガシティは、幾多の金融機関や外国企業、マスメディア、流通などの中心地です。

その始まりは、イエズス会の宣教師がインディオに布教するためにつくった、サンパウロ(聖パウロ)という小さな村でした。内陸に位置して、かつてはサトウキビ農園も、ポルトガルとの連絡に必要な港もありませんでした。そこで金鉱以上に大きな発展の基礎になったのは、コーヒーでした。

サンパウロの気候と土がコーヒー栽培に適していたのと同時に、ヨーロッパでの需要が急激に増えたため、コーヒーの集散地として繁栄。港への鉄道も開通して、街は潤っていきます。常に労働力が求められていたため、世界中から移民がやってきました。日本人日本も例外ではなく、貧しい農家の次男や三男たちが新天地を目指しました。日本人移民の九割がサンパウロにやってきたのです。彼らは入植して以来、優れた労働者として貢献し、また、ブラジルの農業にコショウやリンゴなどの新しい作物をもたらして、「農業の神様」とさえいわれるほどの存在になりました。

市内の中心地に「リベルダージ」という地区があります。もともとは日系人が住み着いた「日本人街」でしたが、近年では中国人や韓国人が増えてきて「東洋人街」と呼ばれています。

街を歩いていると、突然、赤い鳥居が出現。そこにある橋は「大阪橋」。日本の書籍や雑誌が並ぶ書店、日本の食料品を扱う店、仏壇店、和食レストランなど、日本色が漂っています。

先人たちの「よきブラジル人」になろうとした努力のおかげで、第二次世界大戦時を除いて、ブラジルとはとても友好的な関係を築いています。「ブラジル日本移民史料館」へも立ち寄ってみてください。

多民族国家ならではのラテンのダイナミズム

サンパウロは南アメリカの経済や流通の中心地であり、高層ビルが林立する大都会のイメージが先行しますが、観光客に魅力的な場所も多くあります。カテドラル・メトロポリターナをはじめ美しい教会や聖堂があり、日曜には民芸品などの屋台が並ぶヘプブリカ公園も面白いところ。なんでも、世界でいちばん古い民芸品の市場だとか。サッカー博物館や世界の画家たちのコレクションがあるサンパウロ美術館なども一見の価値ありです。

そして、本場のシュハスコ（日本では、シュラスコ）もぜひ食べてみてください。大きな肉の塊を串に刺して焼いたブラジル風ＢＢＱ。焼きあがったばかりのシュハスコを店員がテーブルに持ってきてダイナミックに切り分けてくれます。

サンパウロは発展を続ける大都会であるがゆえに、貧民街も存在しています。ワールドカップ前、その貧民街が整理されようとしている様子を取材に行きましたが、取材班にはガードマンがつきっきり。非番の警官がアルバイトでガードマンをしていて、トイレにまで、さりげなくついてきていました。つまり、危険な場所もあるということ。日本語の新聞もありますから、現地情報を手に入れて、安全には心がけてください。

ブラジルは先住民、ポルトガル系、アフリカ系、ヨーロッパやアジア系の移民、ムラート（白人と黒人の混血）など、多種多様な民族の子孫で構成されています。特にサンパウロは、現在のブラジルのダイナミックな動きや、それぞれの民族がはぐくんできた文化が融合し調和したさまが如実に感じられる都市であるといえるでしょう。

ニューヨーク

【国　名】アメリカ合衆国
【公用語】英語
【通　貨】ドル

新展望台

二〇一五年五月二九日、ニューヨークにできたワン・ワールド・トレード・センターの展望台がオープンして話題になりました。一〇四階建てのこのビルの高さは一七七六フィート（五四一メートル）で、北米、南米で最も高いビルになりました。ちなみに一七七六フィートというのは、アメリカが独立した一七七六年にちなんだ数字です。

でもこの建物がニューヨークの新名所としてばかりで話題を集めているわけではないのは、あなたもご存じのはず。そう、このビルは二〇〇一年九月一一日の同時多発テロで破壊されたワールド・トレード・センターの跡地に建てられたものなのです。航空機が衝突し、二棟の高層ビルが崩壊していくショッキングな映像は、世界を震撼させました。その跡地はグラウンド・ゼロ（爆心地）と呼ばれ、アメリカ人の祈りの場所になったのでした。この事件を契機に当時のブッシュ大統領は、「強いアメリカ」を示すため、アフガニスタン侵攻やイラク戦争へと走りました。そして一四年がたち、ワン・ワールド・トレード・センターは「強いアメリカ」と「自由の国」の象徴としてマンハッタンにそびえているようにも思えます。

その数年前の二〇一〇年、ワン・ワールド・トレード・センターからわずか二ブロックほど離れた場所が、注目を集めました。イスラム教徒のコミュニティ・センターを建てるという計画が明らかになり、これに対して「テロ攻撃に曝《さら》された地にイスラム教徒の施設ができるというのは、イスラムに支配されることであり、敵の勝利を許すものだ」と反対の声が上がったからです。

同時多発テロを起こしたのはイスラム原理主義者のほんの一部の過激な者であり、イスラム教徒がアメリカ人にとっての敵というわけではありません。ですから、当時のニューヨーク市長のブルームバーグは「私有地に宗教施設を建てるのは自由だ」と建設に反対しませんでしたし、地元のマンハッタンの住民たちもとくに問題視しているわけではありません。当時のオバマ大統領も、イスラム教徒にもモスクを建設する権利があると発言しました。

ところが、保守派の共和党元副大統領候補サラ・ペイリンが「敵の勝利を許してはならない」と反撃してから、反対派が拡大していきました。するとオバマ前大統領は、

「建設の趣旨に賛同しているわけではない」と、トーンダウンしてしまいました。

アメリカは世界に冠たる自由の国で、もちろん宗教の自由は保障されています。オバマ前大統領の立場としては世間の動向を意識せざるをえないのでしょうが、はっきり言えば、迷走している状態でした。モスク建設が民主党と共和党の政争の材料になってしまったのです。

ニューヨークの始まり

ワン・ワールド・トレード・センターより南、マンハッタン島の南端近くにウォール街があります。ニューヨーク証券取引所や大手金融機関の本社がある、金融・経済の心臓部です。ウォール街のウォール（ＷＡＬＬ）は壁。その昔、ここには実際に壁があったことから通りの名がウォール・ストリートになったのです。

一六一四年、オランダ人が交易地として町を築いたのが始まりでした。そのときに、オランダ人と先住民との間に激しい争いがあり、先住民の襲撃から町を守るためにオランダ人が壁を築いたのでした。この壁のそばで株の取引が始まったのです。ここはオランダ人の新しい町なので「ニューアムステルダム」と命名され、さらに五〇年の後に、イギリス人が支配するようになって、現在の名称になりました。当時のイングランド王チャールズ二世の弟の、ヨーク公（のちのジェームズ二世）から名づけられて「ニューヨーク」が誕生したのです。

マンハッタン島の南端であるウォール街からは自由の女神像を近くに望むことができ、その自由の女神像が立つリバティー島やエリス島への船もここから出ています。

移民の玄関口

リバティー島のすぐ北側にエリス島があります。ここにはかつて、移民のための入国管理事務所が置かれ、ヨーロッパからアメリカに移住しようとする移民はここで審査を受けなければなりませんでした。一八九二年にできて一九四五年に廃止されるまで、一二〇〇万人以上の移民がこの入国管理事務所を通ってアメリカに上陸したのです。現在は博物館になり、祖先の入国記録を見ようとやってくるアメリカ人も多くいます。

こうしてアメリカはさまざまな人種を移民として受け入れてきたため、「人種のるつぼ」と呼ばれるようになりました。「るつぼ」というのは金属などを熱で溶かして混ぜ合わせる容器のことで、人種や民族を金属にみたててこういわれるようになったのですが、実際には人種も民族もきれいに混ざり合うことはありません。

そこで新たな言い回しが「人種のサラダボウル」。同じ容器のなかで溶け合うことなく自己主張しながら味を出す、サラダにたとえられるようになりました。

そのアメリカにおいても、ニューヨークは特殊な街。市の人口の三七パーセントほどが外国生まれという数字を見てもわかります。常に他民族や他文化に接することによってコスモポリタニズム（個人を単位にした世界市民的な考え）が進んでいます。だから、先ほどのイスラム教施設の建設をめぐる騒動も、ニューヨークっ子にとっては大騒ぎするほどのことではないのかもしれませんが、移民受け入れを抑制し、不法移民を追い出すことを公約にしたドナルド・トランプ大統領の出現により、アメリカ国内の雰囲気は変わりつつあります。

ニューヨークにやってきた移民たちは、同胞同士で助け合い、コミュニティを形成してきました。なかでも有名なのが、チャイナタウンとリトルイタリー。ふと自分がどこにいるのかわからなくなるような錯覚を覚えます。しかもこの二つは一本の通りでへだてられているだけなので、さっきまで中華料理や中華食材の匂いがしていたのに、気がついてみればピザやオリーブオイルの匂いがただよっている、ということもあります。

もちろんこのあたりは古くから移民が住み着いてできたコミュニティで、現在の移民たちはマンハッタン島の外側に多く暮らしています。もっとも移民の人口比率が高いのがクイーンズでその次がブルックリン。マンハッタンは三番目です。

ニューヨークで生活をしている日本人はというと、ハドソン川を隔てた西側のニュージャージーに多いようです。治安のいい高級住宅地で、もともと大企業の駐在員のような収入の高い人たちが庭のある戸建の家を求めて住み始めました。そこに韓国人のビジネスマンも住むようになり、早朝や夜遅くの通勤電車は日本人と韓国人ばかりで「オリエント・エクスプレス」と呼ばれています。

観光客にとってのニューヨークの良さの一つに、「動きやすい」ということが挙げられるでしょう。マンハッタンは道路がほぼ碁盤の目のようになっているので方向がわかりやすく、バスと地下鉄も直線的に走っているので、迷う心配も少ないはず。

ジュリアーニ市長の時代に徹底的な治安対策をとりましたから、それ以前に比べて格段に治安が良くなりました。街を歩いていても、あちこちでパトカーを目にします。治安が改善されたおかげで夜遅くまで営業している店も増え、夜の街を楽しむ人も多くなって街が活性化してきたわけです。ただし、安全になったとはいえ、日本のレベルと同じではありませんから、そこが外国であることをお忘れなく。

ニューヨークでは、いかにも観光客といった格好をしないで、そこに暮らしているような感じで過ごすことをおすすめします。一つは安全のため。もう一つは、気軽にコミュニケーションがとれる楽しみのためです。髪の毛や肌が何色であっても、ニューヨークの人たちはこだわりません。歩いていれば道を聞かれる、映画館から出てくると「面白かった？」とチケット売り場に並んでいる人たちに声をかけられる、こんなことが珍しくありませんから。

ハバナ

【国　名】キューバ共和国
【公用語】スペイン語
【通　貨】キューバ・ペソ、兌換ペソ

五四年間の断絶に幕

二〇一四年一二月、キューバのラウル・カストロ国家評議会議長とアメリカのオバマ大統領がそれぞれ、両国の国交正常化交渉を始めると演説で発表し、世界の注目を集めました。二〇一五年四月には中米のパナマで、五九年ぶりにキューバとアメリカの首脳会談が行われ、翌五月、アメリカは一九八二年以来続いたキューバに対するテロ支援国家指定を解除しました。

そしてついに二〇一五年七月、ワシントンにあるキューバの利益代表部とハバナのアメリカ利益代表部は大使館に格上げされ、一九六一年の国交断絶以来五四年ぶりに国交を回復したのでした。

経済の低迷が続くキューバでは、この国交正常化は大いに歓迎されているようですが、アメリカ議会には、なお経済制裁の完全解除に反対する声も多く、自由な経済交流にはまだ時間がかかりそうです。しかし、いずれにせよ、長い間の国交断絶に幕が下ろされ、両国に歴史的転換期が訪れたのでした。

フィデル・カストロの革命

大航海時代の一四九二年、新大陸を目指していたコロンブスによってキューバは「発見」されました。それからおよそ四〇〇年にもわたるスペインの植民地支配のなかで、キューバは砂糖産業や奴隷貿易を栄えさせ、発展していきます。

一九世紀に入ると中南米のスペイン植民地は次々に独立を果たしますが、キューバはスペインにとって最後に残った植民地で、砂糖やたばこの利益も大きく、独立を許しません。一八六八年にカルロス・マヌエル・セステベスによって独立闘争が始められ、およそ一〇年間にわたって戦いますが、自治を認められたことによって休戦します。しかしこれを不服とする人は多く、「独立の父」と呼ばれるホセ・マルティ率いる独立軍が一八九五年に蜂起します。独立軍とスペイン軍は死闘を繰り返しますが、一八九八年にアメリカの戦艦がハバナで謎の爆破事件を起こして沈むと、アメリカはスペインの仕業だとして軍事介入し、米西戦争に発展。一八九九年、アメリカが勝利した結果、キューバはついにスペインの支配から解放されることになりました。

一九〇二年、キューバは独立を果たします。しかし国民の喜びもつかの間、スペイン支配の終了はアメリカによる支配の始まりだったのです。共和国憲法には、アメリカの内政干渉を認め、グアンタナモにアメリカ軍の基地を置くことなどが盛り込まれました。

製糖などの主な産業はアメリカ企業に握られ、国民の不満はしばしば反乱という形で現れ、不安定な状態が続きます。軍部出身のフルヘンシオ・バティスタが政権をとり、一定の平静を取り戻したかに見えましたが、第二次バティスタ政権は一転してアメリカに寄った独裁に走り、腐敗や弾圧が横行してキューバの富はアメリカに流れていったのでした。

ここで登場するのがフィデル・カストロです。一九五三年、カストロは武装蜂起してサンティアゴ・デ・クーバにある軍のモンカダ兵営を襲撃しますが失敗に終わり、投獄されます。恩赦によって出獄したカストロはメキシコに亡命し、反政府組織を結成します。このときにカストロの革命軍に参加したのが、アルゼンチン人のチェ・ゲバラでした。一九五六年一二月、革命軍はヨット「グランマ号」でキューバに潜入し、政府軍を相手にゲリラ戦を展開します。人数も少ない革命軍は、当初は劣勢を強いられますが、やがて農民たちの支持を得て勢いを増すと、一九五九年一月、ハバナを陥落させてバティスタを国外逃亡に追い込んだのでした。

社会主義国家へ

　カストロ率いる革命政権はただちに農地改革を実施。アメリカ企業に支配されていた農地や工場を国営化します。バティスタを失ったアメリカは新たな傀儡政権を模索しますが、それが実現不可能となると革命政権を敵視するようになり、次々に経済制裁措置をとります。折しも東西冷戦のさなか、アメリカとの関係が悪化したキューバはソ連に急接近します。こうしてキューバは社会主義への道を歩むことになったのです。

　そして一九六一年、アメリカはキューバとの国交を断絶し、両国間の経済交流も全面的に禁止します。その翌年の一九六二年、ソ連が核弾頭ミサイルの発射基地をキューバに建設していることが明らかになり、アメリカはミサイルなどを積んだソ連船のキューバ入港を阻止するために、海上を封鎖します。このことにより、アメリカとソ連の核戦争に発展するのではと、世界が緊張します。これが「キューバ危機」です。最終的に、ケネディ大統領とフルシチョフ首相の間で協議がなされ、最悪の事態は回避することができました。

　革命後、キューバが力を入れたのが教育と社会福祉でした。初等教育を義務化し、高等教育も無償化して、国民の大半が高等教育を受けられるまでになりました。また医療に関しても国民は無償で受けることができ、国民一人当たりの医師の数も中南米では群を抜いています。とくに予防医療を充実させていて、医薬品開発や医療サービスの技術も高く、アフリカや中南米などで広く医療支援を行っています。

一九九一年にソ連が崩壊すると、経済基盤をソ連に依存していたキューバは危機に陥ります。支援物資は途絶え、国民の生活にもたちまち影響が出て、アメリカに亡命しようと試みる難民も増加しました。政府はやむなく改革に手を着け、海外資本を導入して外貨所持を解禁したり、農地を個人に分与したりしますが、その結果、貧富の格差は広がり、社会主義の根幹が揺らいでしまうことになっています。

こうした国の歩みのなかで、二〇〇八年に国家評議会議長に就任したフィデル・カストロの弟であるラウル・カストロは、「あらゆる課題において、アメリカとの対話の用意がある」と発表し、オバマ前大統領もこれに応じて、ついに二〇一五年の国交回復に至ったのです。

そのフィデル・カストロも二〇一六年一一月に死去。ひとつの時代が終わりを告げました。

二種類の通貨

キューバには二種類の通貨があります。その一つがキューバ・ペソ（人民ペソとも呼ぶ。表記はMN）で、もう一つが兌換《だかん》ペソ（表記はCUC）です。本来はキューバ・ペソが基本の通貨で、革命以前は1ペソ＝1ドルの固定相場制がとられていました。しかし革命後の一九六〇年には、ドルに代わり、ソ連のルーブルに対する固定相場制を採用します（1ペソ＝1ルーブル）。

ところがソ連の崩壊による経済危機が訪れ、それに対処する一つの方法としてドルの所持を解禁したのでした。これによって自由化政策は促進されましたが、経済格差が生じ、不正や汚職も増加します。政府は社会主義体制を維持するために経済活動の統制を強め、アメリカによる経済制裁の対抗措置として、ドルの流通を禁止し、代わりに兌換ペソを流通させたのでした。

以前は、キューバ国民はキューバ・ペソ、外国人は兌換ペソを使用するのが原則でしたが、現在は明確な使用基準はなく、日用品や食料品などの生活に必要なものはキューバ・ペソで売られ、ホテル代やタクシー代など、国民にとって贅沢なものは兌換ペソで支払うようになっているようです。

タクシーはクラシックカー

ハバナの街でなんといっても目につくのは、クラシックカーでしょう。一九四〇年代から一九五〇年代のレトロな車が現役で街を走っています。これらは革命以前にアメリカから持ち込まれたものですが、それ以後は新しい車が入ってこなかったため、修理を重ねて大事に使ってきたのです。もちろん修理部品もアメリカからは手に入れられなかったため、ソ連からの部品を使って修理しています。現在、多くはタクシーとして活躍し、観光客からの外貨獲得の資源にもなっています。

オールド・ハバナは、カリブ海で最強の砦といわれたモロ要塞、その対岸に位置するプンタ要塞、そしてフエルサ要塞、カバーニャ要塞に守られた街で、スペイン統治時代の繁栄がしのばれる場所です。バロック建築のカテドラルやアメリカの国会議事堂を模してつくられた旧国会議事堂など、歴史的建築物が立ち並んでいて、一九八二年に世界遺産に登録されています。

キューバゆかりの人物といえば、チェ・ゲバラとアーネスト・ヘミングウェイでしょう。ゲバラなら革命博物館、第一邸宅やカバーニャ要塞近くのチェ・ゲバラ博物館などがあり、またヘミングウェイが定宿としたホテル・アンボス・ムンドスや郊外のヘミングウェイ博物館には作家の遺品などが展示されていて、彼らをしのんでこの地を訪れる人が後を絶ちません。

ラスベガス

【国　名】アメリカ合衆国
【公用語】英語
【通　貨】ドル

砂漠のオアシス

カジノの街。不夜城といえばラスベガスです。

ラスベガスはネバダ州の南端にあり、ロサンゼルスの北東、グランド・キャニオン国立公園の西に位置します。不毛地帯であるネバダ砂漠のオアシスとして、ラスベガスが発見されたのは一八二〇年代後半のこと。一八四〇年代末に始まったゴールドラッシュ時代には、東部からカリフォルニアへ向かう人々の中継地点として街が誕生しました。

やがてゴールドラッシュが去ってしまったあと、一九二九年の「暗黒の木曜日」、株の大暴落に端を発した大恐慌時代がやってきます。ネバダ州では、なんとか税金を確保してサバイバルする手立てとして、賭博を合法化。さらに、ルーズベルト大統領が進めたニューディール政策の一環として、近郊を流れるコロラド川にフーバーダムが建設されました。

このフーバーダムがラスベガスにもたらしたのが、大量の労働者と電力でした。安価で安定供給される電力と建設に携わった労働者たちによって、街は発展の土台を得たのでした。

カジノの発展とマフィアとの攻防

ラスベガスのカジノ誕生の功労者は、実はマフィアでした。

ベンジャミン・シーゲルという名（あだ名は、バグジー＝虫けら）のマフィアが、組織にカジノホテルの建設を任され、ニューヨークからやってきました。彼が目指したのは、カジノだけでなく、乗馬クラブやフィットネスクラブ、ゴルフ場などが併設された総合リゾートです。第二次世界大戦後の一九四六年に、このリゾートは「フラミンゴ・ホテル」という名前でオープンします。フラミンゴはシーゲルの恋人の愛称でした。

しかし、建設までに費用はかさみ、開業しても赤字経営が続きます。さらに、損をするはずのないカジノで赤字が出るのは、バグジーが売り上げを着服しているからではないかと組織に疑われ、彼はついに暗殺されてしまいます。

その後、ホテルは他のマフィアに任されますが、バグジーの暗殺がセンセーショナルに取り上げられたことと、高級リゾートから大衆カジノへ移行したことで客が押し寄せ、大成功を収めることになりました。これがきっかけとなり、マフィアが次々にラスベガスに乗り込んできて、ホテルの建設ラッシュが始まりました。

それぞれのホテルでは、集客のために、大物歌手などのショーを目玉にします。たとえばフランク・シナトラやサミー・デイビスJr. など。そして、彼らはマフィアとのつながりを噂《うわさ》されたこともありました。

しかし、一九五〇年代ごろから賭博に対する意識が一段と厳しくなり、州政府もカジノの健全経営を求めて取り締まりを強化してマフィアを排除していきます。一九八〇年代にはマフィアは完全撤退。代わりにホテルを引き継いだのは、大企業や大富豪でした。新たなラスベガスは、テーマパーク型巨大エンターテインメントホテルの建設ラッシュに沸きます。カジノもネバダ州のゲーミング委員会の管理のもとで、徹底的にクリーンなイメージを作り上げ、厳しく自主管理されるようになりました。

大人から子供まで

ラスベガスには、部屋に冷蔵庫がないというホテルが珍しくありません。ルームサービスはありますが、メニューを見るとやたらに高い値段が付いています。それではと思ってロビーフロアに降りていくと、そこは二四時間営業のカジノ。バニーガールがどんな飲み物も無料で持ってきてくれます。つまりホテルは、宿泊客をいかに部屋に閉じこもらせず、カジノに誘うかを考えているのです。

多くのカジノホテルが、フロントから部屋に行くにも、部屋からレセプション会場に行くにも、必ずカジノを通るように設計されているのです。「部屋でくつろいでなんかいないで、カジノにいらっしゃい」。そんなささやきが聞こえてくるようです。

以前ラスベガスに行ったとき、私もスロットマシンに座ってみたことがあります。しばらくは何も起こらなかったのですが、突然マシンの画面が真っ暗に。そして大音量のファンファーレです。飛んできた係員の「コングラチュレーション！」の声に周囲の注目が集まりました。いったいいくら当たったのだろうと思っていたら、その金額は日本との往復の飛行機代ほど。驚きつつも、この程度の幸運でよかったとほっとしたのを覚えています。何十億円という大金を手にした途端に人生が一変したり、謎の死を遂げたり、という話はいくらでもありますから。

一方この三〇年くらいで、カジノ以外の目的でラスベガスに来る客層を意識した、エンターテインメント型ホテルも多くなってきました。まるで巨大なテーマパークです。通りにはそういうホテルが立ち並び、通称「ストリップ」と呼ばれる通りにはそういうホテルが立ち並び、まるで巨大なテーマパークです。エジプトのルクソール神殿やエッフェル塔、自由の女神にヨーロッパの古城と、いったい自分がどこにいるのかと思わせるほどです。シルク・ドゥ・ソレイユの舞台、有名歌手のライブショーなど、毎日どこかでショーが繰り広げられています。そして無料のアトラクションで見逃せないのがホテルベラージオでの噴水ショー。ホテル前の湖に設置された噴水から、BGMに合わせて大量の水が噴射されます。ラスベガスにいると、どこまでも観客を楽しませるという、アメリカのショーマンシップの真髄を見る気がします。

もちろん子供も楽しめるショーやアトラクションがあり、女性にはショッピングのお楽しみもあります。ストリップのホテルやショッピングモールだけではなく、街の北と南にはアウトレットもあります。

ホテルからホテル、ホテルからアウトレット、ストリップからダウンタウンなどへの移動手段としてはモノレールやトラム、路線バスなどがありますが、ホテルには必ずタクシー乗り場があり、気軽に利用できます。

短い距離だからといって歩くのは、少々危険です。ダウンタウンの一部を除いて治安はいいのですが、問題は暑さです。真夏の平均最高気温は四〇℃にもなります。郊外、つまり砂漠に出たら五〇℃。しかも日ざしをさえぎるものなどありませんから。

そして上着も必需品。ラスベガスに「節電」という発想はなく、外が四〇℃でも建物のなかは寒いくらいに冷えていますから。

ネバダの大自然

「不夜城」というラスベガスにいても、ここは砂漠の州。ぜひ砂漠に出て、とてつもない大自然を感じてください。どこまでもまっすぐな道、果てしなく広がる石と砂の大地。これらは日本では決して味わうことができませんから。レンタカーが便利ではありますが、デスバレーやグランドキャニオン、フーバーダムなどへのツアーも豊富にあります。また、近年、パワースポットとして脚光を浴びるようになったセドナへも、ここからなら便利です。

サンフランシスコ

【国　名】アメリカ合衆国
【公用語】英語
【通　貨】ドル

新しい文化と自由の街

そこにたたずんでみて、とても気持ちがいいと感じる場所が誰しもあると思いますが、私にとってはサンフランシスコがその一つです。

『霧のサンフランシスコ』（原題はI Left My Heart in San Francisco）というポピュラーソングが市歌にもなっているほどで、霧が名物のようにいわれますが、これは夏の朝晩だけのこと。六月から九月にかけての観光のベストシーズンは、日中は湿度も低くて晴れの日が多いのです。

ここが好きなのは、気分が晴れ晴れするような空気に加えて、青春時代の「憧れの地」という個人的な理由もあります。というのも、一九六〇年代から一九七〇年代にかけて、サンフランシスコは「カウンターカルチャーの聖地」とでもいうべき場所でした。

既存の体制的な文化に対抗し、若者が新しい刺激的な何かを生み出すという、そんな文化が花開いた街だったのです。当時のキーワードは、新しい文化と自由。そんな雰囲気が現在も息づいているのがサンフランシスコでしょう。

ゴールドラッシュと大地震

この地に外国人が足を踏み入れたのは一八世紀後半といわれています。スペイン人の入植者たちでした。彼らは要塞を築き、伝道所を建てました。サンフランシスコという地名は、「アッシジの聖フランシスコ」に由来します。清貧と自然を愛する聖者の名前は、現在のローマ法王も受け継いでいます。

一九世紀には、スペインからの独立を求めるメキシコ革命によって、メキシコの一部になったこともありますが、結局、メキシコがこの領地をアメリカに割譲しました。

劇的な発展をもたらしたのはゴールドラッシュでした。金や銀の産出に伴い、労働人口が飛躍的に増えました。またゴールドラッシュで成功した企業家が、それを資本にして新たな事業を起こしました。たとえばカリフォルニア銀行やジーンズで有名なリーバイ・ストラウスなどが、それ。さらに、中国人の鉄道労働者たちがチャイナタウンをつくりました。やがて、急坂を上るケーブルカーが開通し、ヴィクトリア様式の家々が立ち並び、街は繁栄の一途をたどります。

ところが一九〇六年、サンフランシスコ大地震が襲います。建物の倒壊と火災とで街の四分の三が壊滅したのです。このあたりは太平洋プレートと北米プレートの境界線で、たびたび大きな地震が起きています。

しかし、九年後の一九一五年にはサンフランシスコ万国博覧会が開催できたほどですから、復興が急ピッチで成し遂げられたことがわかります。それにはバンク・オブ・イタリー（後のバンク・オブ・アメリカ）が、生計の手段をなくした人々に積極的に融資をしたことも大きく寄与したと考えられます。

サンフランシスコは金融センターとしての地位もしっかりと固めていきました。一九二九年、ウォール街の株暴落で始まった世界恐慌のさなかでも、サンフランシスコの銀行は一つも破綻しませんでした。

自由な空気にはぐくまれる街

不死鳥のごとく再生していく街には当然、人も集まってきます。仕事を求めて流入してきた南部からのアフリカ系アメリカ人、アジア系やラテンアメリカ系の移民などを受け入れた街は、多様な文化が交わる場所にもなりました。

一九五〇年代には、アメリカ文学界の異端児「ビート・ジェネレーション」（または、ビートニク）の作家や詩人たちが、文体を普通の人々の話し方で表現するといった実験的な活動を広げました。これは、古い既成の価値観に縛られない生き方を実践しようとしていたヒッピーたちの支持を得ました。ベトナム戦争（一九六〇～一九七五年）に反対すると同時に、自然を愛する平和主義を唱えるヒッピームーブメントの拠点ともなりました。

さらに一九七〇年代になると、ＬＧＢＴ（レズビアン、ゲイ、バイセクシャル、トランスジェンダー。つまり性的少数者）の権利を訴える運動の中心地にもなっていきました。

カリフォルニア州では、二〇〇八年に高裁が「同性婚」を認めました。同性婚の禁止は、すべての州民に公民権を保障する州法に触れるというわけです。これには、当時の知事だったアーノルド・シュワルツェネッガーも、判決を尊重すると表明しています。

実はこの判決、二〇〇八年一一月に行われた住民投票の結果から執行が停止されていましたが、二〇一三年に米連邦最高裁が、婚姻を男女間に限った連邦法が違憲であると判断したことを受けて、復活した次第です。ひと口にアメリカといっても、いまだにダーウィンの進化論を絶対に認めないというぐらい、「超」がつくほど保守的な州もあります。カリフォルニアがいかに多様性や寛容性に富んでいることか。あらためて実感します。そして二〇一五年六月、アメリカ連邦最高裁判所は、同性婚を憲法における権利であると認めました。全米で同性婚が可能になったのです。

研究とチャレンジのシリコンバレー

市の南側のベイエリアに位置するサンノゼあたりは、もとは果樹園などの農業が営まれていた、なだらかな谷間でした。それが、なぜ、「シリコンバレー」と呼ばれるまでに変容したのか。それには、スタンフォード大学の存在が欠かせません。

ゴールドラッシュが起きて、大陸を横断するセントラルパシフィック鉄道が開通しましたが、その事業の中心となったのがリーランド・スタンフォード。元雑貨商だった彼は鉄道王となり、一八九一年、自分の土地に大学を設立したのです。サンノゼに近いパロアルトの地でした。

アメリカ東部の名門大学に負けないレベルを目指し、優秀な学者を集めました。優れた学問が文化的な社会をつくり、街を発展させるというのがスタンフォードの信念だったのです。

スタンフォード大学に招聘《しょうへい》されたひとり、フレデリック・ターマン教授は「シリコンバレーの父」と呼ばれています。彼は、卒業生の就職と研究をサポートするシステムを立ち上げ、その援助を受けた卒業生ウィリアム・ヒューレットとデビッド・パッカードが小さなガレージで電子機器の発明と製造を始めたのが一九三九年。後に大企業ヒューレット・パッカードとなりました。現存するガレージは「シリコンバレー誕生の地」

として、州の歴史的建造物に指定されています。

一九世紀の終わりごろからサンフランシスコは海軍の基地という側面も持っていました。ゆえに、軍事関係の産業が発展し、研究のための資金も十分にあったのです。

一九五〇～一九六〇年代は軍需産業、一九七〇年代は半導体産業、一九八〇年代はパソコン、一九九〇年代はインターネット。時代の変遷とともにシリコンバレーの主役も変わっていきましたが、起業家精神は土壌にしっかり浸透して根づきました。アップルもグーグルもここで成長していったのです。

スタンフォード大学やカリフォルニア大学バークレー校などが優れた人材を送り出し、起業家やエンジニアが生まれ、投資家がベンチャー企業に資金を提供し、新たな会社が育っていく。実に見事な図式です。技術に強い起業家とそれを支える学術的な地盤。これこそがシリコンバレーの強みなのです。

坂道の街

サンフランシスコの海の玄関口ともいえるゴールデンゲートブリッジは住民投票によって建設が決まり、国でも州でもなく、地元の銀行と住民たちが協力して捻出した費用でつくられたもので一九三七年に完成しました。公債の返済には通行料をあてました。三四年もかけて借金を返したのです。

ユニオンスクエアは、ダウンタウンの中心部にある大きな広場。南北戦争の時代に北軍（ユニオン）を支持していた市民たちが名づけました。ここから少し足を延ばすと、ノブヒル。高級ホテルや邸宅が並ぶ閑静な住宅地で、素晴らしい眺望が開けます。ノブヒルの頂上にあるグレース大聖堂から下っていくと、ケーブルカー博物館。ケーブルカーの出現で、見晴らしのいい丘の上に住みたがる金持ちが増え、往時は派手な豪邸が立ち並んでいたそうです。

フィッシャーマンズワーフの目玉はピア39です。レストランやショップが集まっているだけでなく、木のデッキを歩くのも気持ちがよく、野生のアシカも見られます。

アルカトラズというのは、一九世紀にアメリカ軍が築いた砦。やがて、マフィアの帝王アル・カポネも収容された連邦刑務所になりましたが、一九六三年にその役目を終えました。見学ツアーに参加すれば島へ渡ることができます。

名所を挙げていくときりがありませんが、サンフランシスコを舞台にした映画の多さからしても、いかに魅力的な街かおわかりでしょう。

リベラルという爽風

ダウンタウンからＢＡＲＴ（ベイエリア高速鉄道）で三〇分ぐらいのところ、サンフランシスコ対岸のバークレー市にＵＣＢ（カリフォルニア大学バークレー校）があります。UCLA（ロサンゼルス校）など、一〇もあるカリフォルニア大学の発祥の地。小高い丘の上にひろがる広大なキャンパスが素晴らしい、私の大好きな場所です。

スタンフォード大学が私立の名門なら、UCBは公立の名門で、これまで七〇人以上ものノーベル賞受賞者を輩出しています。

学力レベルの高さだけではなく、その校風にも私は魅力を感じます。ひと言でいえば、リベラル。これは、一九五〇年代に吹き荒れたマッカーシズム（共産主義者に対する差別や排斥）に教授たちが強く抵抗を示したことに端を発します。一九六〇年代には学生運動も盛んになり、このような伝統が革新的でリベラルな校風をつくり上げたのでしょう。

若者が何かにチャレンジしやすい空気に満ちて、それを支えるシステムがある街。かつてエイズが問題になってきたころ、エイズ患者が差別されずに治療を受けられるというのでゲイが集まってきた街。

自由と異文化を受け入れる柔軟性に富んでいるのが、いつも時代の先端を走るサンフランシスコの街の魅力です。

バンクーバー

【国　名】カナダ
【公用語】英語、フランス語
【通　貨】カナダ・ドル

訪れた人が驚く

初めてバンクーバーを訪れた人が驚くのは、アジア系人種の多さでしょう。実際バンクーバー市では、白人の割合が五〇パーセントを下回るほどですから。そしてアジア系のなかで最も多いのが中国人。さらにそのなかでも多いのが香港の出身者なのです。

一九九七年に香港はイギリスから中国に返還されましたが、その返還前から中国共産党政権下の生活に不安を覚えた香港の人たちは、中国以外の国籍を求めました。そもそもイギリスが統治していたので、まずはイギリスの国籍を望みますが、イギリスはこれを拒否しました。そこで、イギリス連邦のカナダやオーストラリアの国籍を取得し、移住したのです。このバンクーバーにも香港からの移住者が多く来て、「ホンクーバー」なる言葉も生まれたくらいです。

はるか以前にも、中国から移住した人たちもいました。彼らは大陸横断鉄道の建設労働者として雇われ、その後、この地に落ち着いたのです。バンクーバーのチャイナタウンは北米最大の規模で、ここで暮らすには英語もフランス語も必要ないとまでいわれていますが、一方で街の広告の中国語の多さに、白人系のカナダ人が辟易《へきえき》しているという話もあります。

バンクーバーのアジア系人種で中国に次いで多いのが韓国で、その次が日本です。ダウンタウン周辺には多くの日本人が住み、日本人向けの商店が並んでいます。さらには東南アジア系、アラブ系、アフリカ系、それからファースト・ネイション（先住民）もいます。北米でこれほど白人以外が多い街も珍しいことでしょう。

イギリスとフランスの拮抗によって誕生

そもそもカナダという国家は、フランスとイギリスの植民地合戦の繰り返しで成り立ったといっても過言ではありません。一六世紀にまずフランスが今のモントリオールを領土だと宣言し、次にはイギリスがニューファンドランド島の領土宣言をしました。以来三〇〇年もの間、互いに「ここはフランス」「ここはイギリス」というように領土獲得を競ってきたのです。それがようやく収束してきたのが一八五七年。ヴィクトリア女王の裁定で、モントリオール（フランス）とトロント（イギリス）の中間にあるオタワが首都ということになりました。そして一八六七年、イギリス連邦国家である自治領のカナダが誕生したのです。

こういう歴史の結果、カナダでは東側がフランス語圏で西側が英語圏になっていますが、二カ国語とも公用語で、道路標示などもこの二カ国語が使われています。フランス語圏のケベック州ではカナダからの独立を目指す運動がたびたび起こってはいるのですが、実現はしていません。元来が移民の国家なので、多種多様な文化が混ざり合い、そこに自由の気質が育ちました。なにしろ国家が「多文化主義宣言」をしているぐらいで、アメリカよりリベラルといわれています。二〇一五年一一月に首相に就任したジャスティン・トルドーの内閣は、閣僚が男女同人数で、さまざまな人種の人たちが参加しています。

街の開祖は〝おしゃべりおじさん〟

UBC（ブリティッシュ・コロンビア大学）はカナダ西部で最大の総合大学で、人類学の研究が熱心に行われています。多様な文化を誇る地ならではですね。日本からの留学生もたくさんいます。

植物園やゴルフ場まであるぐらい敷地が広大で、人類学博物館や新渡戸《にとべ》記念庭園などは見学できますから、寄ってみてはいかがでしょう。新渡戸稲造《いなぞう》はUBCの客員教授で、東京女子大学の初代学長でもありました。カナダで開かれた会議に出席した帰途、バンクーバー近くのヴィクトリア市で亡くなったため、ここに記念の庭園がつくられたのでした。

バンクーバーで誰もが訪れるのがギャスタウン。石畳や一九世紀のレンガ造りの街並みが残るエリアで、バンクーバー発祥の地といわれています。一八六七年、蒸気船の船長だったイギリス人がここで酒場を開いてから街が広がっていきました。そのイギリス人こそが〝ギャシー〟ジャック・デイトン。ギャシー（gassy）というのは、「ガス状の」とか「ガスに満ちた」という意味ですが、俗語だと「おしゃべりの」になります。そんな「おしゃべりおじさん」の銅像が通りに立っています。その近く、キャンビー通りとウォーター通りの角には蒸気時計があり、一五分ごとに蒸気を吹き出し、ピーッと汽笛のような音が鳴り響きます。

都会の中の自然

ダウンタウンの中心、入り江に突き出た半島にあるのが、バンクーバー最古で最大の自然公園、スタンレーパーク。原生林の森を散策していると、アライグマやリスなどの野生動物に遭うこともあります。ただ、公園とはいってもわれわれがイメージするものとは規模がちがいます。公園を囲むようにある海岸沿いの道「シー・ウォール」は、一周約九キロメートルもありますから、ぶらぶら歩いて回ると三時間もかかってしまいます。あちこちにあるレンタサイクルショップで自転車を借りて都会のオアシスの風を感じてみてください。公園内には水族館もあって、愛らしいシロイルカやラッコを観ることもできます。

そしてバンクーバーはアメリカのシアトルと並んでカフェ文化の根付いた土地でもあり、地元発祥のブレンズコーヒーをはじめ、数多くのカフェがひしめき合っています。バリスタの勉強に世界から人が集まる場所としても知られていて、街のどこからともなくコーヒーのいい香りがただよってきます。二四時間営業のカフェも多くあり、早朝でも夜中でも楽しむことができるのは、うれしいかぎりです。

おおらかで控えめ

カナダは移民の国であり、とくにバンクーバーにはさまざまな人種をルーツにした人が多いことは前述しましたが、それらを受け入れるおおらかさと、雄大な自然に囲まれた環境が、気取りのないオープンな街の性格をつくったのでしょう。

カナダはきわだって目立つ国ではありません。数多くの国連平和維持活動にも参加し、国際的にも大いに貢献していますが、でしゃばったイメージがないのです。たとえば、アメリカ人が中東の国へ行くときはカナダ人のふりをしろ、とよくいわれています。中東においてはイメージの悪いアメリカ人より、カナダ人になりすましたほうが、ずっと安全だというわけです。

なお二〇一五年五月にカナダ政府から発表があり、日本を含むビザ免除プログラム参加国の国民を対象に、入国の際にはｅＴＡと呼ばれる電子出入国カードの取得が義務づけられています。アメリカのＥＳＴＡ（エスタ）と同じようなものですね。

ホノルル

【国　名】アメリカ合衆国
【公用語】英語
【通　貨】ドル

ハワイ

二〇一五年五月一七日、オアフ島東部にあるアメリカ軍のベローズ空軍基地内で、垂直離着陸輸送機MV22オスプレイが着陸に失敗して墜落するという事故が起きました。乗員の海兵隊員二二人のうち二人が死亡しています。

このオスプレイについては試験飛行の段階から事故が続発し、その安全性が問われながらも沖縄の普天間基地に配備されました。さらに横田基地にも配備されることが明らかになり、日本も二〇一八年度までに一七機の購入を決め、すでに予算に計上しているようです。

さて、このハワイ。われわれ日本人には常夏のリゾートというイメージが強くありますが、ここには三〇万人を擁するアメリカ太平洋軍の司令部があり、軍事的にアメリカの重要な拠点でもあるのです。

一九四一年一二月八日（ハワイ時間七日）、太平洋艦隊の基地である真珠湾を日本軍が急襲、それをきっかけにアメリカは日本に宣戦布告します。太平洋戦争の始まりです。当時ハワイには多くの日本人移民とその二世が暮らしていましたが、アメリカにとって日本は敵国。敵国からの移民やその家族を危険視します。アメリカ本土にいた日系移民は大半が強制収容所に送られてしまいます。しかしハワイの日系人で収容所に送られたのは、一部の一世だけでした。日系人がハワイの人口の半分近くを占めていたために社会生活が成り立たなくなる恐れがあり、また本土から遠いというのも理由だったようです。

そして二世たちはハワイで生まれ、アメリカ国籍を得たアメリカ人です。若い彼らの多くは志願して兵士となり、アメリカ本土の日系人部隊と合体して訓練を受けることになります。この部隊が「第一〇〇大隊」です。アメリカはこの第一〇〇大隊に警戒心を抱き続けますが、彼らはそれを跳ね返そうとばかりに猛訓練に耐え、やがてヨーロッパ戦線に参加して、勇敢で目覚ましい働きをした歴史が残されています。命という尊い犠牲と引き換えに、日系人のアメリカでの地位を守ったのです。

真珠湾には「アリゾナ記念館」があり、いまも真珠湾攻撃で沈んだアメリカの戦艦「アリゾナ」の姿を見ることができます。海面にまだ油が浮かんできて、戦艦の燃料が少しずつ漏れているのがわかります。

日本とハワイの深い関係

ホノルルにあるイオラニ宮殿というとアメリカ合衆国唯一の宮殿ですが、その正面にカメハメハ大王の像が立っています。一九世紀の初めごろ、ハワイ諸島を統一してハワイ王国を建国した人です。その後アメリカから宣教師がやってきてキリスト教を広めたり、一般人が農場をつくるために移住してきたり、イギリスやフランスが「うちの領土だ」と宣言したり。王国も西欧の利権争いに巻き込まれていきます。

そんな折、一八八一年に、王国第七代国王カラカウアという当時の王様が日本にやってくるのです。彼は明治天皇と会見して移民協定を結びます。しかも、自分の娘と日本の皇族を政略結婚させるということまで提案します。結果的には、アメリカとの関係悪化を考慮して、日本側が断ってしまいます。もしその結婚が実現していたら、日本とハワイの連邦国家ができていたかもしれませんね。

やがてアメリカ人が反乱を起こして王制を倒し、ハワイ共和国をつくります。アメリカ本土と合併して、ここも国土にしたいというわけです。テキサス州やニューメキシコ州も、まったく同じような手法をとっています。入植して反乱を起こし、権力を掌握して選挙で正当化する。こうして国土を力ずくで拡大しました。

でも、ハワイが正式に五〇番目の州になったのは一九五九年。第二次世界大戦の終戦から約一五年もたってからのことでした。日本が戦争に負けて、戦艦「ミズーリ」の甲板で降伏文書に調印したときにはためいていたアメリカ国旗の星の数はまだ四八だったのです（ハワイとアラスカが入っていませんでした）。ということは、真珠湾攻撃の時点ではハワイはアメリカ海軍の基地でしかなく、日本はアメリカの領土を攻撃したことにはならないのでは、ともいわれたことがありました。

それはそれとして、日本からの移民の歴史は明治時代に始まっていますから、ハワイとは長いおつきあいになります。

有名な人工海岸

ワイキキ・ビーチといえば、州都ホノルルの顔ともいえる場所。椰子の木の下に広がる青い海と白い砂浜。ところがこのワイキキ、その昔は湿地帯で海岸線は岩場でした。ここに砂浜が誕生したのは、ハワイがアメリカの自治領として併合されてからのこと。アメリカ軍が海軍基地をパール・ハーバー（真珠湾）に建設したさいに、そこに赴任した将校や家族がくつろげる場所として、オアフ島北部やカリフォルニアなどから砂を運んで人工のビーチをつくったのです。なんともやることが大きいですよね。

リゾートホテルが立ち並ぶ現在も、島外から砂を運んで、白く美しいビーチを保っているのです。

もう一つのホノルルの代名詞ともいえるのが、ダイヤモンドヘッド。一九世紀にここに登ったイギリス人が、キラキラ光る石を見つけてダイヤモンドだと勘違いしたのが、その名前の由来とか。実はその石、方解石だったのですが。古い火山の噴火口で、ハイキングコースとしても人気のあるところですが、オアフ島の南側が見渡せるため、以前は沿岸防衛に適した場所として、アメリカ軍の監視所や砲台が置かれていました。いまの登山道も、軍用につくられたトンネルなどを利用しており、当時を思わせる姿が残っています。

世界の共通語「TSUNAMI」

日本語の「津波」が「TSUNAMI」として国際的に使われているのはご存じかと思いますが、そのきっかけとなったのが、ハワイの日系人でした。一九四六年、アラスカ沖を震源とする地震でハワイ島に激しい大波が押し寄せました。このとき、東海岸のヒロに住んでいた多くの日系人が、逃げ惑うさいに口にした「津波だ!」という言葉が新聞に載り、アメリカ本土にも伝わって広まったのでした。

このハワイ島には、マウナケアとマウナロアという標高四〇〇〇メートルを超える山があります。この二つの山が島の東側と西側の気候を大きく変えています。東の太平洋からくる湿った空気は、この二つの高い山にぶつかり、ヒロのある島の東部に雨を降らせます。一方、コナのある西側には湿気のなくなった乾いた空気が流れ、晴天が続きます。バスで島を一周すると、そのことがよくわかります。コナを出たときには空は晴れ渡っているのに、東側に入ると雲が垂れ込め、やがて雨になります。そして西側に戻ると、やはり晴れているのです。

マウナケアというのは「白い山」という意味。四二〇五メートルと標高が高く、冬になると頂上付近は雪に覆われます。空気が澄んでいるため、世界の研究機関が一三基もの天文台をつくっています。日本の国立天文台のハワイ観測所もここにあり、大型の光学赤外線望遠鏡「すばる望遠鏡」が設置されています。

マウナロアの東のふもとにあるのが、「世界でいちばん安全な火山」と呼ばれているキラウエア火山。溶岩の粘性が低いため、大きな爆発を起こすことなく、赤い溶岩を流出させています。一帯はハワイ火山国立公園になっていて、溶岩流の近くまで行って見学することができます。

ハワイが醸し出すおおらかな空気は、その温暖な気候だけでなく、多様な人種構成にもあるような気がします。

そもそもはポリネシア人の先住民がハワイ王国を築きますが、そこへ欧米の白人が現れ、ハワイ共和国がアメリカに併合されます。その間に日本をはじめとするアジア各国や南アメリカ、アフリカなどから農場の労働力として多くの移民が流入したのです。

現在、先住ハワイ人とポリネシア系はハワイ全体の約六パーセントで、白人は約二五パーセント。それに対し、アジア系は四〇パーセント近くにもなりますし、さらにはヒスパニックも黒人もいます。昔は人種間の対立や差別もありましたが、周囲を海に囲まれた島々で、そういうことにこだわっていては共存が困難なことに気づいたのでしょう。

アメリカで初めての黒人大統領となったバラク・オバマもハワイの出身ですね。ハワイの大学に留学していたケニア人が、アメリカ人の白人女性と知り合い、バラク・オバマが生まれました。その後両親は離婚しますが、母がインドネシア人と再婚したため、オバマはジャカルタに移り住みます。そして母親の教育方針で一〇歳ごろにハワイに戻り、多感な時期のほとんどをハワイで過ごしています。

ハワイはアメリカ合衆国であり、そこに住む人たちはどんな人種であろうとアメリカ人ですが、挨拶は「ハロー」ではなく、「アロハ」。お忘れのないように。

本書は、二〇一五年一〇月、ホーム社より刊行されたものを、文庫化にあたり加筆、修正しました。

初出
『ＢＡＩＬＡ』二〇一〇年一一月〜二〇一四年四月

本文デザイン／田中佑果（テラエンジン）

S 集英社文庫

海外《かいがい》で恥《はじ》をかかない世界《せかい》の新常識《しんじょうしき》

2017年7月25日 第1刷　　定価はカバーに表示してあります。

著　者　池上《いけがみ》　彰《あきら》

発行者　村田登志江

発行所　株式会社 集英社
東京都千代田区一ツ橋2-5-10　〒101-8050
電話　【編集部】03-3230-6095
【読者係】03-3230-6080
【販売部】03-3230-6393(書店専用)

印　刷　凸版印刷株式会社

製　本　凸版印刷株式会社

フォーマットデザイン　アリヤマデザインストア　　マークデザイン　居山浩二

ISBN978-4-08-745616-5 C0195